Wolfgang Krebs

Nur Bayern im Kopf!

Wolfgang Krebs

Nur Bayern im Kopf!

rosenheimer

www.rosenheimer.com

Titelfoto: Carsten Bunnemann Huckleberryking
Media GmbH
Das Titelfoto zeigt Wolfgang Krebs als Horst Seehofer
und Edmund Stoiber.
Lektorat und Satz: Dr. Helmut Neuberger, Ostermünchen
Druck und Bindung: CPI Moravia Books, Pohořelice
Printed in Czech Republic

ISBN 978-3-475-54438-5

Inhalt

Zugaben

Vorwort von Edmund Stoiber, dem beinahe Echten

Es gilt das gestammelte Wort.

Meine lieben Leserinnen und Leser, liebe CSU-Wähler, liebe Nicht-Bayern.

Sie halten gerade in Ihren vor Aufregung zitternden Händen eine analoge Ausgabe des auf fetthaltigem Holzpapier gedruckten Jahrhundertwerks »Nur Bayern im Dings!«, herausgegeben von mir. Und den anderen. Auch von dem Krebs. Aber den gäbe es ja nicht ohne mich. Also kann ich mit Fug und Leim behaupten: Obwohl dieses Buch nicht von mir geschrieben wurde, so wäre es doch ohne mich nicht möglich gewesen.

Schauen Sie, es ist ja gewissermaßen so: Wolfgang Krebs hatte in den ersten 30 Jahren seiner beiden Lebensjahrzehnte zwei Möglichkeiten: Entweder wird aus ihm ein Krebs oder eben ich. Und noch ein paar andere. Aber vor allem ich.

Wolfgang Krebs – ein Kabarettist mit mehrfach gespaltener Zunge. Man nennt ihn auch – nach der südamerikanischen Echse mit der flinken Wandelbarkeit – das »Stimmen-Petroleum«. Neben relativ unbedeutenden Randfiguren wie Söder, Beckstein oder Seehofer ist und bleibt die Figur mit der größten Strahlkraft aber immer noch der bayerischste aller Ministerpräsidenten, nämlich der Dings. Also in diesem Fall quasi ich.

Und so wünsche ich Ihnen, der oder die Sie dieses Buch geschenkt bekommen haben, viel Freude und auch neue Erkenntnisse. Denn endlich sind meine Reden der Flüchtigkeit des Heiratsschwindlers entrissen und für die Nachwelt erhalten. Schwarz auf weiß und rechts vor links. Zum Nachlesen, Staunen und Wundern.

Vergessen Sie bei aller Verehrung das Umblättern nicht und legen Sie alle zwei Stunden eine Pause und ein Lesezeichen ein. Fahren Sie nicht nebeneinander und überholen Sie nicht. Fahrchips an der Kasse lösen, die nächste Fahrt geht wieder vorwärts.

Es grüßt Sie mit bedenkenloser Sympathie und staatsmännischer Würde Ihr Ministerpräsident der Herzen, a.k.a.

Stoibmund Eder

Zweites Vorwort von Edmund Stoiber, dem richtig Echten

Sehr geehrter Herr Krebs,
mit Vergnügen habe ich gelesen, dass Sie jetzt endgültig einen seriösen Beruf ergreifen wollen und in das Stoiber-Fach wechseln. Da zu einer erfolgreichen beruflichen Laufbahn die ständige Fortbildung und Weiterbildung gehört, biete ich Ihnen dazu gerne ein Treffen an. Ich würde mich jedenfalls freuen, wenn es klappt.

Diese Zeilen habe ich im Juni 2008 Wolfgang Krebs geschrieben. Und es hat geklappt. Wolfgang Krebs hat, wie sich das gehört, die Weiterbildung bei mir brav besucht. Dabei hat er sich sogar zurückhaltend, anständig und aufmerksam benommen. Wer ihn bei seinen Auftritten erlebt, traut ihm das ja kaum zu …

Nun ist es eigentlich der größte Fehler, den der Verfasser eines Vorworts machen kann, wenn er statt über den Autor ständig über sich selbst schreibt. Aber er ist ja quasi ich …

Einmal suchte ich einen Mitarbeiter auf, der gerade den Hörer in der Hand hielt und mich mit den Worten empfing: *Ich telefoniere gerade mit Ihnen.* So ist das mit einem Double. Und so schreibe ich ganz einfach erst mal über uns. Um es mit den Worten des Krebs-Stoiber zu sagen: über den Ministerpräsidenten des ehemaligen Bayern.

Wir haben schon vor drei Jahren unseren 70. Geburtstag gefeiert. Kompliment, Herr Krebs – dafür haben Sie sich ganz gut gehalten. Eines ist mir allerdings aufgefallen: Wolfgang Krebs hat zu diesem Geburtstag mehr Interviews gegeben als ich. Das ist mir auch ganz recht, es entlastet mich. Nur müsste ich allmählich einen Solidaritätszuschlag von seinen Einkünften verlangen. Denn wir haben inzwischen eine ganz interessante Arbeitsteilung: Die Auftritte des Ehrenvorsitzenden, also um der Ehre willen, die mache ich. Und die Auftritte, bei denen es etwas zu verdienen gibt, die macht er.

Manchmal stelle ich mir schon die Frage: Woran liegt das eigentlich, dass er als ich so gefragt ist?

Beide haben wir das Glück, dass wir unsere Berufung zum Beruf machen konnten. Wer Wolfgang Krebs auf der Bühne, im Fernsehen oder im Radio erlebt, der kann sich seiner einzigartigen Leidenschaft und Begeisterung für das, was er tut, gar nicht entziehen. Ein Kompliment, das ich selbst einmal von Franz Josef Strauß bekommen habe, gebe ich deshalb gerne an ihn weiter: Er ist absolut bierzelttauglich. Ein 3000er Zelt beim Gillamoos zum Kochen zu bringen, das heißt etwas. Ich weiß, wovon ich rede. Alle Achtung!

Natürlich habe ich auch mitbekommen, wie Wolfgang Krebs damit geliebäugelt hat, selbst in den politischen Ring zu steigen und für den Deutschen Bundestag zu kandidieren. Heute habe ich das Gefühl, dass er für sich die richtige Entscheidung getroffen hat. Sein Laden läuft jedenfalls prächtig.

Für mich wäre es ohnehin zweischneidig gewesen: Macht er im Bundestag keine weitere Karriere, dann heißt es: Der Stoiber ist jetzt ein Hinterbänkler. Macht er aber die große politische Karriere und wird Kanzler, dann muss am Ende ich noch ihn parodieren. Also: Es ist ganz gut so, wie es ist.

Ich mache übrigens noch eine recht angenehme Erfahrung mit uns: Je mehr Wolfgang Krebs übertreibt – und er übertreibt schon ziemlich – desto mehr sprechen mich die Leute nach eigenen Veranstaltungen an und sagen: Das war ja eine hervorragende Rede, ganz klar und verständlich …

Aber natürlich habe ich mich in 30 Jahren Spitzenpolitik schon auch bemüht, ein paar Kultreden zu halten. Wenn Wolfgang Krebs mal wieder eine Vorlage braucht – bitte melden!

Doch eines habe ich ihm schon ganz deutlich gesagt: Bei meiner Frau, da gibt es nichts zu doubeln!

Herzlichen Glückwunsch zu diesem Buch und seinem Motto: Nur Bayern im Kopf!

Sein zweites Ich

Edmund Stoiber

Ganz kurz zu mir und dann gleich zu anderen!

Haben Sie ein Kind, das schüchtern und kontaktscheu ist? Das sich in der Schule schwertut und vielleicht ein gesundheitliches Handicap hat? Dann machen Sie sich darauf gefasst, dass Ihr Kind in ungefähr 30 Jahren auf der Bühne steht und Politiker nachmacht.

Denn so war es bei mir, einem schüchternen und kontaktscheuen Kind, das oft mit seinen Eltern umgezogen ist, nicht in den Kindergarten und in die Schule wollte, sich immer wieder an neue Lehrer und Mitschüler gewöhnen musste und schließlich mit dem Hauptschulabschluss zur Post gegangen ist. Nicht, um ihn dort zu verschicken, sondern um eine entsprechende Laufbahn einzuschlagen.

Und so wurde ich »Postschaffner« und wäre es wohl heute noch, wenn es nicht zwei Erweckungserlebnisse gegeben hätte. Das ist nichts Sensationelles, die kommen in jedem Leben vor, auch in Ihrem und in dem Ihrer Kinder.

Nun hatte ich allerdings den unschätzbaren Vorteil, einer oberfränkisch-oberbayerischen Mischehe zu entspringen. Mein Vater stammt aus Schönbrunn – nicht aus dem bei Wien, sondern aus dem im Steigerwald bei Bamberg, also in Oberfranken. Meine Mutter ist in Herrsching geboren, am Ammersee, also in Oberbayern. Obwohl zu Hause eine Art Hochdeutsch gesprochen wurde, habe ich natürlich die beiden Dialekte durch meine Großeltern kennengelernt. Dafür bin ich allen Beteiligten heute sehr dankbar, habe ich dieser Ausbildung doch meinen heutigen Beruf zu verdanken.

Mein Vater war Berufssoldat und wurde öfters versetzt. Und damit auch ich. Gelandet ist die Familie schließlich in Kaufbeuren, was meine Dialektpalette um das Allgäuer Schwäbisch erweitert hat.

In der Chronik meiner Familie sind keinerlei künstlerische Auffälligkeiten verzeichnet. In Ihrer auch nicht? Umso besser! Wie ich dann doch vom Postschaffner zum Stoiber-Double und Bühnen-Kasperl geworden bin – das entnehmen Sie bitte den folgenden Seiten. Wenn es ernst wird, ist der Text kursiv gesetzt. Sie können also nicht behaupten, man hätte Sie nicht gewarnt.

Wenn Sie dieses Buch lesen und sich hoffentlich über die lustig gemeinten Texte amüsieren, dann ist das also auch eine kleine Lebensgeschichte. Eigentlich sogar mehrere. Von mir und von den anderen Figuren, die ich im Kopf habe. Alles Bayern. Und so darf ich Sie einladen, mit mir durch mich zu spazieren, an verschiedenen Türen zu klopfen, die dahinter weilenden Figuren zu begrüßen und kennenzulernen – sofern Ihnen die Bagage nicht ohnehin schon von meinen Bühnenprogrammen bekannt ist.

Einige davon sind in sehr kleinen Räumen untergebracht, andere bewohnen große Fluchten. Das größte Areal (in meinem Kopf und in diesem Buch) nimmt ER ein: der Ministerpräsident der Herzen. Ihm habe ich vieles, wenn nicht fast alles zu verdanken. Ich bin ihm schon etliche Male persönlich begegnet, bei ihm in der Staatskanzlei und bei mir im Ballsaal meines Kopfes.

Er soll als Erster zu Wort kommen in diesem Buch – mit seinem Auftritt am Beginn meines Programms »Ja mia kennan«.

Stoiber: Die falsche Rede

Edmund Stoiber ist noch nicht zu sehen. Das Folgende hören wir nur, auf der Bühne spielt sich nichts ab.

Ein gewaltiges, technisches Krachen ertönt. So, als ob jemand mit einem Mikrofon angestoßen ist.

Stoiber: Holen Sie mich bloß gleich nach der Veranstaltung wieder ab, Herr ... Dings! In dem Kaff hält es ja kein Mensch aus. Komisch, Augsburg hab ich mir ganz anders vorgestellt ... Ah, der Herr von der Technik! Wie ist der Name?

Der angenommene Techniker murmelt etwas Undeutliches.

Stoiber: Angenehm, Herr ... Dings, Stoiber mein Name, Ministerpräsident des ehemaligen Bayern. Ah, Sie sind der Techniker, Sie kommen mit dem ... Mikroskop. Ja, das ist mir nicht fremd, das hab ich immer ... aufsetzen müssen, bei den großen Parteitagsreden. Ja, machen Sie's da fest. Ja, da, wo immer die Orden hinkommen.

Laute Graschpel- und Befestigungsgeräusche.

Stoiber: Ja, ich weiß schon, wie das geht! So ist es ausgeschaltet. Jetzt schalten wir es testhalber einmal an, und dann muss ich auch gleich ...

Stille.

Stoiber: ... lieber wieder aus, man muss so vorsichtig sein bei offenem Mikro ... Chip, verstehen Sie? Also noch einmal: So ist es aus, und so ist es ...

Stille.

Stoiber: ... off, jaja, ich versteh schon, off heißt aus, ich bin ja nicht aus ... Sagen Sie, Herr Dings, wird das eigentlich groß gefeiert, dieses Jubiläum hier in Augsburg? Sie winken ab, also nicht, hab ich mir schon gedacht. Naja, so ein Abend geht ja auch vorbei. Wenn ich mir vorstelle, dass ich heute Abend auch irgendwo anders stehen könnte ... Washington ... oder in Frankreich, nehmen Sie Paris ... aber nein, der erfolgreichste Ministerpräsident aller jemaligen Bayern hält in Augsburg eine Rede auf die Puppendings, die Puppenschachtel, -kiste. Während meine Herren Nachfolger die Schatztruhen ... plündern, die ich ... aufgebaut habe.

Hören Sie auf, mit den Armen zu fuchteln, Herr Dings, jetzt schalten wir das Migrant, das Mikrop, das Mikrodings an, und dann geh ich ...

Stille, Stoiber eilt beflügelt auf die Bühne und stellt sich hinter das Stehpult. Weltmännisch wartet er den Applaus ab, dann beginnt er zu sprechen. Er bewegt die Lippen, aber wir hören nichts. Stoiber redet stumm weiter, ist aber zunehmend irritiert. Schließlich versteht er, fummelt an seinem Mikrofon herum – und ist zu hören.

Stoiber: ... Tag der Dankbarkeit, der Freude und Gemeinsamkeit. Oh, wie ich höre, hören Sie mich jetzt! Vorher ... äh ... hoffentlich nicht ... Die Technik! Haha! Gell? Da Sie ja ... quasi noch nicht da waren ... als ich schon da war ... fange ich noch einmal an.

Sehr geehrte Bundeskanzlerfrau! Ich meine: Frau Bundeskanzler ... in ... liebe Parteifreunde, verehrte Ehrengäste, herzlichen Dank an die Amberger äh die Bamberger Euphoriker äh Symphoniker, äh Singforiker, liebe Mitarbeiter der Augsburger Puppenkiste, und vor allem liebe Landesbank äh Erwin Huber hier als Hauptverantwortlicher äh Sponsor.

Meine Damen und Herren, 60 Jahre Augsburger Puppenkiste in Bayern, das ist ein Tag der Dankbarkeit, der Freude und der Gemeinsamkeit. Ein Tag der Dankbarkeit an jene, die sich vor 60 Jahren getraut haben, einen neuen Anfang zu wagen. Äh ein äh Puppentheater zu äh die Puppen tanzen zu lassen. Und der Freude darüber, was die Augsburger Puppenkiste in 60 Jahren für die Menschen in Bayern leisten konnte. Und der Gemeinsamkeit, weil die Erfolge der Bamberger Puppenkiste in Augsburg … eine große Gemeinschaftsleistung aller sind.

Wir stehen heute auf einem festen Fundament. Und Sie wissen ja: Das Fundament ist die Basis aller Grundlagen!

Er blinzelt ins Publikum und merkt etwas …

Sagen Sie mal … da stimmt doch etwas nicht … Sie sind doch gar nicht die Puppendings.

Moment, das klären wir gleich. *(Handy)* Ja, Stoiber am Apparat. Können Sie mir sagen, wo bin ich? – Im Telefon, aha! Nein, das weiß ich selber!

Sagen Sie, ich habe hier eine Rede 60 Jahre Augsburger Puppenkiste, Festakt mit anschließender posthumer Aufnahme einer Franz-Josef-Strauß-Marionette in das Ensemble der Puppenkiste. Musikalische Umrahmung mit den Bamberger Symphonikern … und der Strauß ist net amal da!

Ach so, der Festakt fürs Puppentheater ist erst nächste Woche!

Es tut mir leid, meine Damen und Herren, Sie sind alle zu früh hier! Was?

Aha. Nicht Augsburg, sondern Pfaffenhofen! Ich bin in Pfaffenhofen!

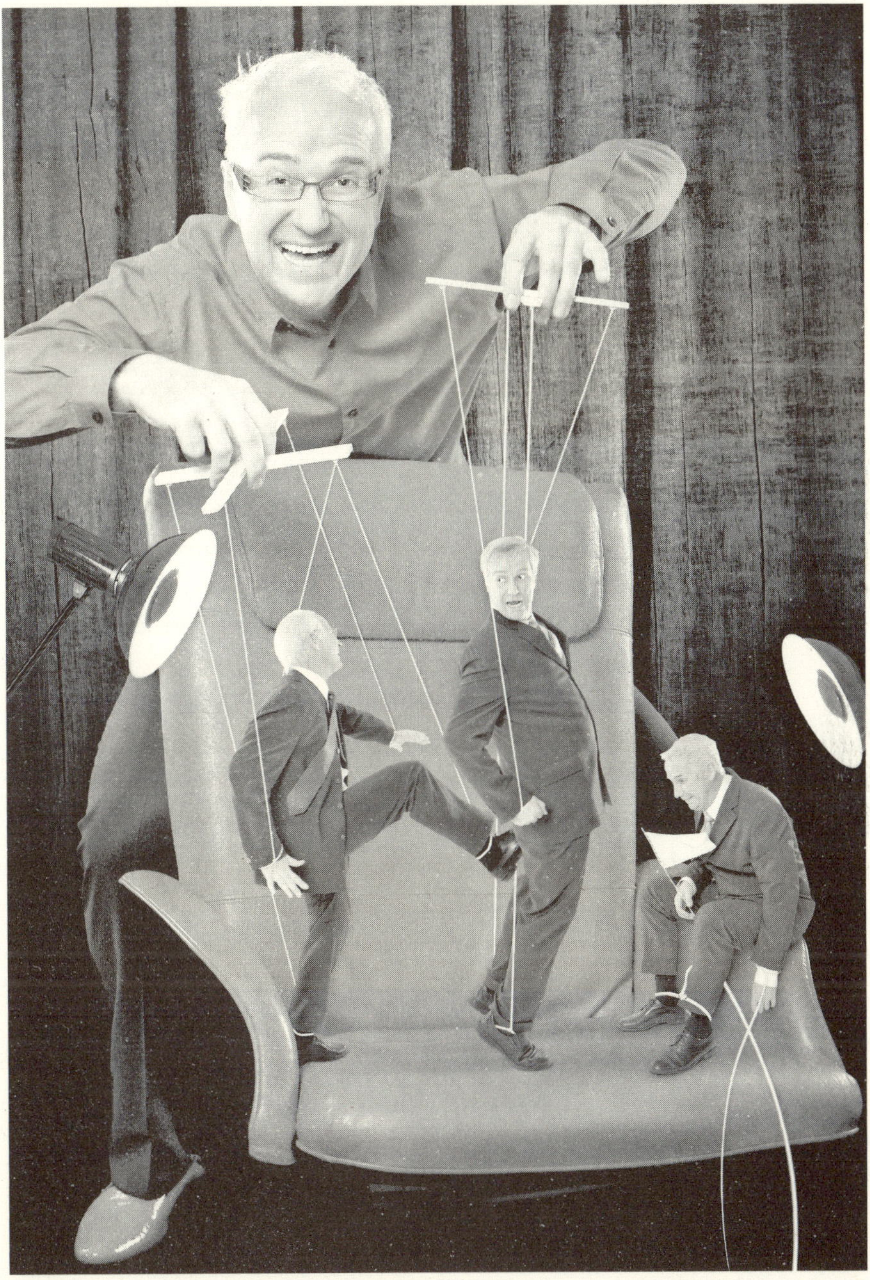

Jetzt hörn's auf, mir zu sagen, was ich hier soll, das weiß ich schon! Das heißt, eigentlich müsste ich Bayern retten und Sie schicken mich ins Kasperltheater! Ja, ich hab jetzt keine passende Rede dabei, schauns doch her! – Ach so – Sie sehns ja ned.

Ja, nur die Standardreden halt. Äh Transrapid, äh Problembär und 60 Jahre CSU in Bayern, wie immer. Aber ich wäre ja nicht der Ministerpräsident des ehemaligen Bayern, wenn ich nicht ... geistesgegen ... setzlich und wortgeschneidert sofort ... auf die veränderte Sachlage ... sozusagen ... blitzvorbereitet wäre!

Ja, also ich kann da auch nix dafür, ich habe keinen Fehler gemacht, Sie sind hier nur das falsche Publikum. Also probiern wir's noch mal. Wie lange gibt es diese Bühne schon?

(Fiktiver Zuschauer ruft eine Zahl, Stoiber versteht).

Aha. 22 Jahre. Lieber Oberbürgermeister ... Dings ... liebe Theaterfreunde, liebe Jubiläumsfestgäste und weitläufige Verwandtschaft. Und so weiter und so weiter ...

Heute ... äh ... vor 22 Jahren wurde äh praktisch das hiesige Theater geboren äh ge ... gegründet. Das ist ein Tag der Dankbarkeit, der Freude und der Gemeinsamkeit. Ein Tag der Dankbarkeit an jene, die sich vor 22 Jahren getraut haben, äh getraut haben ... äh ... ein Theater zu dingsen äh zu besetzen, und das unter Franz Josef Strauß. Und der Freude darüber, was das Theater in Pfaffenhofen in diesen Jahren für die Menschen in Bayern leisten konnte.

Das Theater in Pfaffenhofen wurde vor 22 Jahren mitten in den Wirren der Nachkriegszeit ... äh ... von äh wirren äh Intendanten äh geboren. Heute können sich viele diese Zeit kaum mehr vorstellen. Kinder auf der Suche nach ihren Eltern, Frauen auf der Suche nach Männern. Mitten in diesem Chaos hatten überall in Bayern Frauen und Männer den Mut zu einem Neuanfang. Sie dachten dabei weniger an sich als an die Zukunft ihrer Kinder.

Das Papier wird zerknüllt und weggeworfen.

Äh jetzt muss ich doch äh frei sozialisieren äh assoziieren. Und so möchte ich Ihnen einfach zurufen: Das Theater in Pfaffenhofen – es möge auch in den nächsten 60 Jahren ... also in den nächsten ... sagen Sie ... jetzt fällt's mir auf, das ist ja gar keine runde Zahl! Also keine Jubiläumsdings! Feiern Sie immer so falsch?

Er sieht sich um.

Und diese Ausstattung hier ... *(Er ahnt wieder etwas. Dann sieht er das Flipchart mit der Aufschrift »Ja mir kennan! – Rhetorik-Seminar mit Dr. Edmund Stoiber, MpdeB«)* ...

Ich glaube, Sie sind ein bisschen ... hähähä ... zerstreut heute, kann das sein? Sie sind ja gar nicht hier, um ein Jubiläum zu feiern, sondern mich! Also den ehemaligen Mich! Und wenn ich »mich« sage, dann meine ich mich, den Ministerpräsidenten des ehemaligen Bayern. Moment ...

(Handy)

Was reden Sie denn da für einen Blödsinn zusammen! Erst Augsburger Puppenschachtel, dann ein krummes Jubiläum von irgendeiner grottigen ... äh ... großartigen Provinz ... Metropolen ... Bühne. Stimmt doch alles nicht! Der Rhetorik-Abend, genau! Das hab ich von Anfang an gesagt! Schöne Mitarbeiter hab ich da beieinander! – Ja, Ihnen auch, Sie Hanswurscht! *(Ende Handy)*

Er konzentriert sich, schaltet innerlich um. Er holt aus einem Koffer (oder einer Innentasche) etliche Seiten Papier und legt sie auf das Stehpult.

Meine sehr verehrten Wählerinnen und Wähler … oder Mitgliederinnen und Mitglieder … wenn Sie so wollen …, ich darf Sie sehr herzlich begrüßen zu unserem heutigen Rhetorik-Seminar mit … mit … *(er schaut im Manuskript nach)* … mit Edmund Dings, also praktisch mit mir, dem Ministerpräsidenten des ehemaligen Bayern, also einer Zeit, als Bayern noch Bayern war und die CSU noch die CSU und nicht so ein elendiglicher Verräter- und Speichelleckerverein wie … Aber dazu später mehr in einem speziellen René Kollo. René-Koll … egium. Kolloquium.

Meine lieben Ehrengästinnen und Ehrengäste, Frau Bundeskanzlerin, sehr geehrter Herr Köhler …

Sie haben einen nicht geringen Eintritt bezahlt, um heute von mir etwas zu lernen über Rhetorik, die Kunst der freien Liebe. Der freien Rede, meine ich. Denn nichts ist für den Zuhörer ermüdender, als wenn der Redner … *(schaut ins Manuskript und liest ab)* vom Manuskript abliest. Der Zuhörer ist wie der Kunde einer Domina: Er will gefesselt werden! In den Bann gedingst! Bei der Dings gehalten, bei der … ja, lassen Sie mich das in aller Deutlichkeit sagen: bei der Stange! Und Sie können mir glauben, damit kenne ich mich aus! Mit Stangen und mit Reden! Denken Sie nur an den Münchner Hauptbahnhof! Oder Dings … irgendwas anderes! Dieses Wissen werde ich in den nächsten fünf, sechs Stunden an Sie weitergeben. Denn Bayern

MKR
MICHAELSBUND
VERGELT'S GOTT
mit Wolfgang Krebs und
Pfarrer Josef Fegg

braucht mehr davon! Bayern muss wieder nach Stoiber klingen!

Und deshalb rate ich Ihnen, sich ein Beispiel zu nehmen an Amerika. Denn wenn einer außer mir in der Lage ist, die Leute mitzureißen, dann ist das der Demokratie-Präsident Bäräck Osama.

Das ist natürlich zunächst einmal im physikalischen Sinne ein Neg ... also ein Extrem-Pigmentierter, ein Mensch mit schwarzer Haut, der farbig ist. Aber nichtsdestotrotz kann auch das sogenannte Spitzenpersonal der CSU einiges von diesem Mann lernen.

Die Bilder von seinen Parteitagen, Anhänger, die vor Rührung weinen. Schreiende Luftballons, Frauen, die von der Decke fallen. Und womit erreicht er das alles? Mit Emotionen und – mit einem einfachen Slogan.

Und ich spreche auch für Sie, wenn ich Ihnen heute zurufe: Es ist noch nicht zu spät! Die Vorherrschaft der anständigen Bayern ist noch nicht vorbei! Unsere Heimat bleibt immer unsere Heimat. Lasst uns nicht verzagt sein, sondern jeden Tag aufs neue mit tiefer Überzeugung sagen: **Yes we can!** Oder auf bayerisch: Ja mia kennan!

2006 war die Amtszeit als Ministerpräsident für Edmund Stoiber vorbei – aber bis heute ist er präsent und aktiv. Immer wieder sieht man ihn in der Talk-Show von der Anne Müll und dem Günther Lanz, um es stoiberisch auszudrücken …

Der Nachfolger war ein Franke. Was für ein Glück für mich! Günther Beckstein hatte nur den kleinen Makel, Mittelfranke zu sein, während meine Wurzeln doch in Oberfranken liegen. Für Münchner und andere nicht-fränkische Ohren ist das egal – nicht aber für die Dialektspezialisten unter den pensionierten Oberstudienräten. Sie haben viel Zeit und erfreuen mich mit Briefen, in denen sie meine Fehler nachweisen. Denn **mein** *Beckstein spricht oberfränkischer als jeder Mittelfranke. Ich hoffe, Sie sind kein pensionierter Oberstudienrat und haben ein bisschen Freude. An Beckstein und seinem neuen »Bedd«…*

Beckstein: Das Bedd

Hähä! Serwasla! Ich bins fei immer noch, der lusdiche Frangge mit der kurzen Karriere! Die Fünf-Minuten-Terrine unter den bayerischen Minzerpräsenten! Hähä! Oba immer noch dabei! Mich wird kaana so schnell los, da binni wie der Mauerschwamm!

Ich bin a wengala zu spät dran! Hat a glaans Probleemla geem. Auf der Rolltreppe. Da war ein Schild, da war draufgschdandn »Auf der Rolltreppe müssen Hunde getragen werden!«

No, und des hat a halbe Schdund gedauert, bis i endlich so a Viech aufgedriem hab.

Oba dassi zu schbääd komm, des hobbi fei vorher angekündicht. Von meim Bedd aus. Ich hob fei a Bedd. Hähä! Und vo dem aus konni schreim. Funkelnachelneu! Die Marga hats mer gschenkt.

Sie selber hat mit so was nix mehr im Sinn, hats gsacht. Oba für mi wärs richtig, so a Bedd. No, und da konni jetz a weng schreim damit, mit meim Bedd. Und ins Internet nei konni fei aa. Midm Bedd ins Nedd. Hähä …

Ja warum schauen Sie denn so nebulös? Wissen Sie net, was des is, so a Bedd? Ham Sie kaans? Hod doch heizerdooch scho a jeder! Bei mir wars an meim Geburdsdooch unterm Weihnachtsbaum im Osternest!

Wie ichs ausgebackt hobb, hobbi erst gedacht, des is zum Zwiebelschneiden. Oba naa, da is ka Zwiebel drauf, sondern a Äpfala. A ogabissns! Bissi gmerkt hob: Des is ka Bredd, des is a Bedd!

Sehr schö, mei Bedd. Basst gut zu meim andern Gerät, mit dem i Musik hör. Mit meim Bodd.

Jetzt liecht mei Bedd nebn meim Bodd. Da mach i mers dann am Ooomd gemütlich. Da drinki dann a weng a Bierla dazu. Am liebsten mooch i ja … des Bidd. Da ruf i dann: »Marga, bidde ein Bidd!« – und dann stellt sie mir des Bidd neben mei Bedd und mein Bodd.

An Film kann mer sich fei a ooschaun auf so am Bedd. Hobbi mer fei gleich a weng an beschdelld. Mit meim Lieblingsschauspieler. Zack, wora schau drauf auf meim Bedd.

Der Badd. Der Badd Schbenser. Kenna S' doch aa, oder? Sie, der schaut auf so am glann Bedd gor nimmer so dick aus, der Badd. Macht richdich schlank, so a Bedd, sogor den Badd.

Jetzt muss i bloss aufbassn, dass i nix kabudd mach. Wenn i wenig vo dem Bidd verschütt auf den Bodd oder auf des Bedd, dann is Schluss mit dem Badd. Dann is alles budd.

Eine kurze Amtszeit – aber ein großer Gewinn für die Kabarett-Szene! Ich habe den Beckstein-Günther immer noch im Programm, weil ich ihn so ins Herz geschlossen habe. Und in beiden wird er wohl auch bleiben! Als Nachfolger haben dann vier Kandidaten ihren Hut in den Ring geworfen – auf alle habe ich mich stimmlich vorbereitet. Bis es dann »The Rock« geworden ist, der Felsen aus Ingolstadt. Wieder hatte ich Glück: Immerhin kommt meine Körpergröße der seinen ziemlich nah. Während ich mich für Beckstein kleiner mache, muss ich mich für ihn strecken: Horst Seehofer. Stimme tiefer legen, treuherzigen Blick aufsetzen, Kopf leicht schief halten, und los geht's …

Seehofer: Grußwort

Einen schönen guten Abend, meine sehr verehrten Damen und diejenigen, die ihnen nachlaufen. Jetzt ist es Zeit für ein Grußwort Ihres bayerischen Ministerpräsidenten.

Meine lieben Mitbürgerinnen! Ich kann Ihnen Ihre Wünsche an den Augen ablesen, und nicht alle diese Wünsche haben mit mir zu tun. Sie wollen Bayerin werden oder bleiben. Dafür müssen Sie den Fragebogen ausfüllen und ich werde diesen dann wohlwollend prüfen. Das hat **nichts** mit Ihrem Aussehen zu tun, und Ihre Körbchengröße interessiert hier niemanden, noch nicht einmal die von Ihrem Hund, hähähä …

Meine Damen, wir wissen, was wir an Ihnen haben! Wenn ein Mann erfolgreich ist, steckt meistens eine Frau dahinter. Wenn ein Mann plötzlich **nicht** mehr erfolgreich ist – auch.

Frauen – das große Rätsel der Menschheit. Es gibt Männer, die sagen, sie können Frauen durchschauen. Diesen Männern sage ich: Es kann schon sein, dass ihr das könnt, aber dabei verpasst ihr eine ganze Menge!

Das ist nicht von mir, sondern von einem guten Freund von mir. Wie alle meine Freunde hat er eine schlechte Menschenkenntnis. Aber **da** hat er einmal recht gehabt …

Aber, meine Damen, Sie sollten auch nicht die Männer unterschätzen! Frauen können einen Orgasmus vortäuschen, aber Männer eine ganze Beziehung!

Normalerweise muss ein Politiker ja nicht schön sein. Es heißt ja: Politik ist Show-Business für hässliche Leute. Und um wie viel ein Politiker schöner ist als

Angela Merkel, ist ein Luxus. Aber das macht die Auseinandersetzung schwierig. Denn es heißt ja: Kämpfe niemals mit hässlichen Leuten, sie haben nichts zu verlieren!

Ich kenne einen Politiker, der war vor Kurzem beim Psychiater. Der hat ihm gesagt: »Es ist völlig eindeutig: Sie sind verrückt!« – Darauf hat der Politiker gesagt: »Ich will noch eine zweite Meinung!« – Und darauf der Psychiater: »Die können Sie haben: Sie sind auch noch hässlich!«

Einen Psychiater brauche ich nicht. Ich gebe zu: Ich habe einen Minderwertigkeitskomplex. Aber es ist ein ziemlich schlechter ... Und gerade in Bayern gilt: Vorsicht im Umgang mit Kirche und Religion! Ich halte nichts von den Eiferern, die kernlose Orangen verbieten wollen, weil sie nur dem Vergnügen und nicht der Fortpflanzung dienen. Aber ich habe gelernt, wie Religion funktioniert und vor allem der Katholizismus. Als Kind wollt ich unbedingt ein Fahrrad haben und ich habe den lieben Gott darum gebeten. Und dann habe ich gemerkt, dass der liebe Gott so nicht arbeitet. Ich habe ein Fahrrad gestohlen und um Vergebung gebeten.

Politik ist ein schwieriges Geschäft, meine Damen! Wir leben in harten Zeiten, in denen die Pizza schneller zu dir nach Hause kommt als die Polizei!

Aber wer so lang dabei ist wie ich, und das sind jetzt auch schon ... acht Jahre, der hat gelernt, wie Politik funktioniert. Mein großer Lehrmeister war Franz Josef Strauß – obwohl es viele Auseinandersetzungen gegeben hat, denn er ist sehr leicht wütend geworden. Da darf man sich nicht einschüchtern lassen! Einmal hat er mich angeschrien: »Ich werde mit deinem Kopf den Boden aufwischen!«

Darauf ich ganz tapfer: »Das wird dir noch leid tun! Du kommst damit so schlecht in die Ecken …«

Von ihm habe ich die großen Regeln der bayerischen Politik gelernt. Die erste: Erst schließen wir die Augen, dann sehen wir weiter.

Die zweite: Einfach irgendwohin schießen, und das, was man getroffen hat, als Ziel ausgeben.

Die wichtigste Regel: Der frühe Vogel fängt den Wurm. Aber die **zweite** Maus bekommt den Käse aus der Mausefalle.

Und zum Schluss eine Lebensweisheit meines Großvaters, die mir über viele schlimme Momente hinweggeholfen hat und die ich gerne an Sie weitergebe: Wenn dir eine Taube auf den Kopf scheißt, dann sei froh, dass Kühe nicht fliegen können!

Stoiber, Seehofer, Beckstein – diese drei geben sich seit 2012 einmal die Woche ein Stelldichein auf Bayern 3. Dort werden die Hörer Zeuge, wie sich die drei bei der Essensausgabe treffen und die wichtigen Dinge der vergangenen Woche besprechen.

Begonnen hat meine Radiokarriere allerdings schon fünf Jahre vorher. Damals hatte mich Jo Schweizer angerufen (der mich immer noch betreut) – mit der Idee, Stoiber einen Anrufbeantworter besprechen zu lassen, der dann den Bayern-3-Hörern vorgespielt wurde. Kurze Zeit danach dann die Sensation: Auch Bayern 1 wollte eine Comedy-Serie von mir: »Edi und Günni«, also einen Dialog von Stoiber und Beckstein. Das war meiner Erinnerung nach meine Premiere als Beckstein, den ich vorher nie parodiert hatte. Als dann Seehofer übernahm, war man bei Bayern 1 der Meinung, der Seehofer gibt nix her, der ist zu glatt, den kann man nicht parodieren. Man gab mir einen Karton mit frisch gedruckten Autogrammkarten und schickte mich nach Hause. Bayern 3 aber sah bzw. hörte die Sache anders und ließ Stoiber, Beckstein und Seehofer gleichzeitig von der Leine. Bis heute. Es entstanden Gespräche wie dieses:

Landtagskantine: Bellevue

Beckstein: Ja Edmund, was hastn du da auf deim Dabledd – a Handy! Des hätt ich nie von dir gedacht!

Stoiber: In der Tat, mein lieber Dings! Auch ich habe mir jetzt eines dieser kleinen Fernsprechtelefone zugelegt!

Seehofer: Wozu brauchst denn **du** ein Handy!

Stoiber: Das kann ich dir sagen, mein lieber Hans! Ich weiß aus ziemlich sicherer Quelle, dass er wackelt. Unser Präsensbunzident! Dieser Herr Wolf. Er wird sich wahrscheinlich nicht mehr lange halten können in seinem Schloss!

Beckstein: Allmächt naa! Sollmers ihm sachn, Horst?

Seehofer: Lass ihn weiterreden, ich will das ganze Ausmaß wissen …

Stoiber: Und wenn er dann auszieht, der Herr Wolf, aus dem Schloss … in Berlin … wie heißt es gleich … Bullerbü! Dann wird ja dringend ein Nachfolger gesucht!

Seehofer: Ich ahne Fürchterliches …

Stoiber: Ihr könnt euch vielleicht erinnern, ich war schon einmal ganz nah dran am Amt des Kandesbunzlers. Des Kundesbanzlers. Des Bandeskunzlers. Des Bundeskanzlers natürlich!

Seehofer: Deshalb das Handy …

Stoiber: Genau! Und wenn dann ein Nachfolger gesucht wird, dann kommt ja wohl nur **einer** in Frage! Weltgewandt, wortmännisch, einer, der sich auskennt auf dem internationalen Laminat!

Seehofer: Parkett! Die meisten Staatsoberhäupter haben in ihren Häusern Parkett.

Stoiber: Also bin das dann ja quasi ich! Und damit ich erreichbar bin, dafür habe ich dieses kleine Mikrofon!

Beckstein: Sollmer ihm saang, dass die schon den Gauck ausgsucht ham?

Seehofer: Nein. Wir sagen ihm ja auch nicht, dass er kein Handy, sondern einen Taschenrechner hat.

Ziel und Plan war und ist es, ein aktuelles Ereignis der letzten Tage aufzuspießen und durch die Mikrowelle der Landtagskantine zu schicken. Manchmal aber passiert halt einfach nix. Dann bemüht man klassische Themen wie das Wetter, den Ferienbeginn, das Oktoberfest – oder, wie in diesem Fall, den Osterdings …

Landtagskantine: Osterhase

Stoiber: Sehr geehrter Herr Dings … nein, es ist besser, wenn man sagt … Grüß Sie Gott, mein sehr geschätzter … oder nein, vielleicht doch besser ein einfaches »Mahlzeit, Euer Exzellenz!«

Beckstein: Horst, wos reedn der die ganze Zeit. Der begrüßt jemanden, aber es ist gar keiner da!

Seehofer: Stimmt, das ist komisch! Das ist ja normalerweise **dein** Zeitvertreib, mein lieber Günther …

Stoiber: Da sieht man wieder einmal: Ihr seid beide wie eine fabrikneue Briefmarke. Völlig unbeleckt. Wir erwarten doch einen hohen Staatsgast!

Beckstein: Den Saaarkotzy? Der kommt doch alle Nas lang, den muss ma doch net jedsmal begrüßn!

Seehofer: Und du schon gar nicht, Edmund! Das machen jetzt andere, darunter sogar Frauen und Ostdeutsche und manchmal beides!

Stoiber: Ich darf darauf hinweisen, dass hoher Besuch ins Haus steht. Am Sonntag wird es so weit sein!

Beckstein: Echt? Besuch am Sonndach? Da muss ma ja direkt noch aweng an Kuuung kaaafn …

Seehofer: Und wer, mein lieber Edmund, hat sich angekündigt?

Stoiber: Na die Weihnachtsgans! Äh ... nein ... der Pfingstochse! Ähhh ... nein, natürlich nicht, sondern gewissermaßen der Osterdings. Also quasi der Dingshase. Wenn Sie so wollen.

Beckstein: Allmächt. Er maant den Osterhasn. Und den will er auch noch begrüßen ...

Stoiber: Weil das ja klar ist! Immerhin hat er einen weiten Weg. Von seiner Eiermalerei auf den Osterinseln ... fährt er auf seinem Wagen ... vorne die prächtig geschmückten Rennhühner ... bis zu uns nach Bayern, um den braven Kindern die Gärten voll zu machen, die Nester zu beschmutzen ... also die Geschenke zu schenken. Die Information ist erst ein paar Monate alt und stammt vom Weihnachtsmann! Und der weiß es aus sicherer Quelle: vom Klapperstorch!

Beckstein: Horst, der glaubt wirklich **alles**!

Seehofer: Stimmt. Nur dass er kein Ministerpräsident mehr ist – das glaubt er nicht!

Wie, so fragen Sie sich jetzt hoffentlich, hat das eigentlich angefangen mit dem Krebs und dem Stoiber? Nun, so folgt die unausweichliche Antwort, es hat eigentlich angefangen mit Franz Josef Strauß. Ich hatte bis 2004 ein wechselvolles Leben mit vielen Berufen und mehreren Ausbildungen – und während dieser Zeit habe ich ein paar Mal Stimmen nachgeahmt. So auch bei »Die Bürgschaft« von Schiller, die ich bis heute auswendig kann. Während meiner Zeit an der Berufsaufbauschule Kaufbeuren hatte mein Deutschlehrer Eugen Gaugler die Idee, »Die Bürgschaft« als Schattenspiel aufzuführen. Ich übernahm die Erzählstimme. Und gab ihr den Sound von Franz Josef Strauß: »Zu Dionys, dem Tyrrannen, schlich Damon, den Dolch im Gewande …«.

Der Erfolg war durchschlagend, und ich merkte zum ersten Mal, das ich wohl eine Begabung habe. Danach weitete ich mein Personal aus auf Helmut Kohl, Inge Meysel, Reich-Ranicki, Beckenbauer – was man halt so parodiert als bemühter Amateur. Als es dann Strauß nicht mehr gab, verlegte ich mich auf Stoiber und trat damit bei kleineren Festen in und um Kaufbeuren auf. Unter anderem bei den »Blonhofener Marktfestspielen«, initiiert und organisiert von Georg Ried. Er war und ist Mitarbeiter von Bayern 1 und moderiert zum Beispiel die Sendung »Bayern 1 Blasmusik« am Sonntag um elf Uhr. Ihm war ich aufgefallen, als ich von Georg und Walter Wörle (in Schlager- und Volksmusikkreisen bekannt als »Duo Wörle«) auf der Ostallgäuer Herbstmesse interviewt worden bin und als Helmut Kohl geantwortet habe. Improvisiert, aus dem Hut, ohne große Vorbereitung, damals so wie heute. Georg Ried verpflichtete mich nach Blonhofen, einen kleinen

Ort bei Kaufbeuren, und die Saat war gelegt. Wenige Jahre noch, und sie sollte aufgehen …

Damals war ich Pausenclown und Kurzzeit-Unterhalter, und an diese Zeit der anspruchsarmen Zuhörer und der flachen Pointen habe ich mich erinnert, als ich Edmund Stoiber in jene Welt eintauchen ließ …

Stoiber erzählt einen Witz

So, meine Damen und Dings, jetzt kommen wir zum unterhaltsamen Teil des Abends, denn ... wie haben wir früher immer scherzhaft in der CSU gesagt: »Spaß muss sein, sonst geht keiner mit bei der Leich«.

Ja, Sie merken schon, ich habe durchaus Sinn für ... Humor, auch wenn man mir das vielleicht auf den ersten Blick nicht ... äh ... anvertraut. Aber ich darf Ihnen versichern: Bei meinen Reden wird immer viel gelacht. Vielleicht mehr sogar als bei dieser Sünde. Dieser ... äh ... Sünde aus Marzahn.

Und früher haben etliche meiner Parteifreunde gesagt, Edmund, haben sie gesagt, wenn das einmal nicht mehr so läuft mit der politischen Karriere, dann gehst du einfach ins Fachgeschäft. Showgeschäft. Da brauchen sie Leute wie dich, seitdem Heinz Erhardt tot ist. Naja, und somit bekomme ich heute Abend Gelegenheit, Ihnen eines meiner weniger bekannten Talente ... zu ... dings, nicht wahr.

In Nordrhein-Westfalen hat man das übrigens eher erkannt als in Bayern. Schließlich bin ich ja Ritter. Und Preisträger des Ordens wider das ernsthafte Tier. Äh... den tierischen Stankovski. Den tierischen Ernst. Und den bekommen nur ausgewiesene... äh ... Stimmungskanonen ... wie ich.

Aber genug der Hobludelei, reden wir lieber über mich. Ich habe an mich selber die Bitte herangetragen, diese Veranstaltung aufzulockern... mit ... launigem Scherz ... und ... allerlei Possenwerk. Meine Freunde kennen mein ganz spezielles Talent. Und es gelingt mir jedes Mal, sie mit einfachsten Mitteln zu erfreuen. Sie müssen mich nur fragen, was ich am liebsten esse. Dann sage ich wie aus dem Revolver gefeuert, der Kanone gedonnert, der Pistole geschossen ... nenne ich ihnen dann meine Leibspeise. *(genießerische Kunstpause).* Schniprikapratzel. Äh ... nein ... Schnaprikapritzel. Äääääh ... Piprikaschnatzel. Nein, jetzt hab ich's: Paprikaschnitzel. Das ist jedesmal ein Gelächter! Nur weil ich mich ein, zwei Mal minimal verspreche. Die Leute sind ja so leicht zu unterhalten. Wenn man so ein Talent hat wie der Stoiber. Und das bin ja dann quasi in dem Fall ich, wenn Sie so wollen ...

Meinen Ruf als Meister der präzisen Pointe habe ich schon ganz früh verloren. Erworben, wollte ich sagen. Mein gesamtes Büro in der Staatskanzlei hat schon sehnsüchtig auf meine neuen Schnurren gewartet. Der Edmund und sein Gag-Feuerwerk, haben sie gesagt ...

Einen meiner größten Erfolge hatte ich, als ich einmal mit Franz Josef Strauß in Washington war. Wir waren dort zu Besuch im Waisenhaus. Nein, nicht im Waisenhaus, der Präsident hatte ja seine Eltern noch. Im **Weißen** Haus natürlich. Das ist ein Haus, das so heißt wie seine Farbe, und die ist ... Sie haben das eh schon verstanden ...

Vor dem wichtigen Termin sehe ich mich noch ein wenig in der Stadt um, immerhin ist Washington ja die Hauptstadt der USA, benannt nach dem ersten amerikanischen Präsidenten John F. Kennedy.

Ich bewundere also die schöne Innenstadt, und da bemerke ich, dass ich etwas die Orientierung verloren habe. Etwas, das mir sonst nie passiert. Ich gehe also zur nächsten Telefonzelle und rufe mein Büro in München an. Aber da gerate ich an einen wenig fähigen

Aushilfsmitarbeiter, dem sage ich, ich weiß nicht, wo ich bin, und der sagt, er weiß es auch nicht. So kann man doch nicht arbeiten, meine Damen und Dings! Da gibt er mir den Rat, ich soll zur nächsten Kreuzung gehen, mir die Straßennamen merken, ihm die Namen sagen, und dann könnte er auf dem Stadtplan nachschauen, wo ich bin. Als ob ich das nicht selber wüsste! Aber gut, ich tue ihm den Gefallen, gehe zur Kreuzung, gehe wieder in die Zelle und sage: »So, lieber Herr Dings, ich kann Ihnen jetzt genau sagen, wo ich bin! Ich bin in der Ecke Walk-Don't walk!«

Ja, so ähnlich waren die Reaktionen auch, als man das im CSU-Präsidium erzählt hat. Und dabei war das eine Pointe von mir auf Englisch! In der CSU kann ja nur jeder Zweite Englisch, und der ist meistens nicht da. Wenn ich das auch noch auf **deutsch** abgefeuert hätte! Mein lieber Mann, da wäre die Wirkung ja **noch** durchschlagender gewesen! Aber einen Stoiber muss man gar nicht synchronisieren, der ist auch im englischen Original ein Knaller!

Viele meiner ... kleinen ... Anekdoten wurden ja später dem Helmut Kohl angedichtet. Mir war das egal, ich muss nicht immer der Ausführende sein, mir reicht auch mein Erfolg als Urheber ...

Soll ich Ihnen ... heute Abend ... einmal eine kleine Darbietung ... äh ... darbieten? So ganz entsetzt im Hier und Spann? Also, dann passen Sie auf! Das wird ein **Hammer**, sag ich Ihnen! Hähä! Wie war das, kleinen Moment, den hat der Söder vor ein paar Tagen kurz vorm Papstbesuch ...

Genau! Kennen Sie den, wo der Arzt am Schluss sagt: »Die Zähne sind ja ganz in Ordnung, aber das Zahnfleisch!«?

Kennen Sie nicht? Also dann passen S' auf. Hähä.

Kommt ein Mann zum Zahnarzt. Setzt sich auf den Stuhl und macht den Mund auf. Sagt der Zahnarzt: »Die Zähne sind ja ganz in Ordnung, aber das Zahnfleisch!«

Komisch. Beim Söder war das ein Brüller. Vielleicht haben Sie es nicht ganz verstanden? Sie wissen doch, was ein Zahnarzt ist, oder? Na also. Und was ein Mann ist? Na bitte. Dann weiß ich wirklich nicht, wo da das Problem ... Vielleicht soll ich etwas langsamer ... damit Sie besser mitkommen ... *(ganz langsam)* Also der Mann kommt rein, setzt sich auf den Stuhl, macht den Mund auf. Soweit ist alles klar? Der Zahnarzt ... das ist der im weißen Kittel, der hat Medizin studiert, sogar Zahnmedizin, also der kennt sich echt aus mit dem Thema, der Zahnarzt also schaut dem Mann in den Mund und sagt: »Die Zähne sind ja ganz in Ordnung, aber das Zahnfleisch!«

Hmmm ... Das war ja noch weniger ... Also beim Söder haben sich die Leute gebogen ... Mögen Sie keine Zahnärzte, liegts daran?

Gut, dann hätte ich da noch einen anderen! Aber ... hähä ... wie soll ich sagen ... der ist vielleicht etwas ... hähä ... oh-la-la!! Den kann man eigentlich nur erzählen, wenn keine Damen anwesend sind. Sind **Sie** eine Dame, gnädige Frau? Nicht? Gott sei Dank, dann geht's.

Ein Skelett! Ich hätte vielleicht vorhin bei dem Zahnarzt-Witz dazu sagen sollen, dass der Patient ein Skelett ist. Kommt also ein Skelett zum Zahnarzt, und der Zahnarzt sagt: «Die Zähne sind ja ganz in Ordnung ...«

Jetzt fällts mir wieder ein. Aber ... Sie verstehen ... ein Skelett, das ist ja quasi ... etwas, an das man nicht so gerne denkt. Drum wird es ja auch möglichst schnell vergraben. Neuerdings sieht man es allerdings häufiger im Fernsehen. In dieser Sendung mit der

Heidi Kabel. »Germanys … äh… next Topf-Moodl«. Soll ja sehr beliebt sein bei den jungen Leuten. **Die** hätten den Witz bestimmt verstanden. Aber na gut, sind halt heute keine hier …

Dann eben jetzt eine kleine Geschichte mit eher … wie soll ich sagen … rustikaler Nuancierung …

Es ist eigentlich gar kein Witz, aber trotzdem von mir. Der Erfolg war durchschlagend, obwohl ich … ehrlich gesagt … nicht recht verstanden habe, warum. Aber weil sich die Leute immer so wunderbar amüsieren, muss diese Antwort von mir damals wohl sehr schlagfertig gewesen sein.

Also passen Sie auf. Ich sitze im Büro und eine meiner Mitarbeiterinnen kommt zu spät. Ich frage sie einfühlsam: »Wo kommen Sie denn her, Frau Dings?«

Sie sagt: »Ich habe einen Schwangerschaftstest machen lassen.«

Darauf ich. (Pause). »Ach so.« (Pause) »Und … waren die Fragen schwer?«

Das … äh … freut mich, dass es Sie freut …

Ich meine, für mich sind solche Fragen selbstverständlich. Schließlich interessiert man sich ja als Chef für das Wohlergehen seiner Mitarbeiter. Und wenn dabei dann auch noch Frohsinn entsteht – umso besser!

Zum Schluss meines kleinen … äh… Comedy-Blocks noch ein Rätsel. Sie wissen, Rätsel regen das Denkvermögen an, und das scheint mir gerade heute Abend …

Also, folgende Situation: Ein Skelett kommt zu einem Fluss. Nein, kein Skelett. Dieses andere da, groß, braun, Hörner, Milch, Euter – eine Kuh! Genau! Eine Kuh kommt zu einem Fluss … oder Bach. Naja, eher ein Fluss. Ein Bach wäre zu klein. Also ein größerer Bach, eine Art Fluss. Auf alle Fälle mehr als **ein** Ufer. Und jetzt passen Sie auf! Die Kuh darf nicht durchschwimmen, nicht drüberspringen, es gibt keine Brücke und kein Floß und keine Fähre! Wie kommt sie ans andere Ufer?

Das Publikum macht Vorschläge. Alles falsch!

Ich werde es Ihnen sagen: Die Kuh kommt ans andere Ufer, indem sie einfach durch den Fluss schwimmt!

Jaja, ich hab vorhin gesagt, sie darf nicht durchschwimmen. Aber sagen Sie das mal einer Kuh!

Wolfgang Krebs, das ist doch das Stoiber-Double! Und den Seehofer macht er doch auch, oder? – Das höre ich immer wieder, und um der reinen Parodier-Falle zu entgehen, lasse ich in meinen Programmen auch andere Figuren zu Wort kommen. Keine Parodien – zumindest keine von prominenten Menschen. Lebende Vorbilder aber haben sie alle. Auch der Schorsch Scheberl. Fast nach jeder Vorstellung kommt einer aus seiner großen Familie zu mir, mit schwerem Unterkiefer und verhangenen Augen. Kennengelernt habe ich ihn aber schon viel früher, denn ich bin ja ein Kind vom Land. Zur Welt gekommen bin ich in Seefeld/Oberalting im Landkreis Starnberg. Eigentlich war meine Erstbegegnung mit dem Licht der Welt für München-Pasing vorgesehen. Aber irgendjemand auf Spezialisten- oder Austragungsseite hat sich verrechnet, und so ist es meinem Onkel, dem Feuerwehrmann, zu verdanken, dass es meine Mutter noch rechtzeitig bis Seefeld geschafft hat. Meine nächste Station war nach einigen Jahren Lagerlechfeld, wo man extra die Straße tiefer gelegt hat, dass man die öde Landschaft nicht sehen muss. Auf diesen ganzen Stationen habe ich etliche Scheberl-Ausgaben getroffen: Vorsitzende von Winz-Vereinen mit enormer Bugwelle und ebensolcher Fahne, Provinz-Fürsten mit grotesker Fehleinschätzung ihrer eigenen Wichtigkeit – aber eben auch ambitionierte ehrenamtliche Arbeitstiere, ohne die Bayern nicht Bayern wäre und die Dörfer und Gemeinden nicht existieren könnten. Ihnen allen habe ich versucht, ein Denkmal zu setzen. Mit einem Denkmal im Mittelpunkt …

Schorsch: Der Waschbetonkübel

Saubande! Elendigliche! Naa, net ihr …

Wenn I heit scho mal am Mikrofon steh, dann mecht i hier und heute eines ganz klar sagn: Von wegen mitm Gustl und am Woifi … So geht das nicht! Da bin ich ganz meiner Meinung. Diese Zustände müssen jetzt ein Ende ham. Wir werden in unserer Gemeinde solche unverschämten Gemeinheiten nicht zulassen.

Wie mir da zugetragen wurde, sind da Dinge gegen mich gesagt worden!

Des was jetzt dieser Schreiberling von der Zeitung von irgendeiner gschnapperten Ratschkatl zugetragen bekommen hod, des hab ich so nie gsagt, und das ist von mir so nie gsagt worn.

Frage: Habts ihr da in euerm Ort überhaupt einen Veteranenverein, Ha? Letztens war i in München, da ham de gmoant, a Veteranenverein is was mit Tiermedizin … lauter Deppen!

Also im Soldatenverein, da hamma letztens wieder oan nunterblasen. Mitm Lied vom guten Kameraden. I woas ja ned, wia des bei eich is. Aber bei uns, wenn a Beerdigung is, dann brauchst du einen Böllerschützen: Weil des geht ja so: *(singt, und imitiert dabei den Böller)* Ich hatt einen Ka-me-raden … **Buff** … einen bessren … **Buff** … findsd du niiiiiiiicht … **Buff!**

Mir ham bei uns drei Böllerschützen in Untergamskobenzeisgrubengernhaferlverdimmering. Guad, oana zählt nimmer, der geht scho am Wagerl *(läuft an einem imaginären Rollator).* Haha, am AOK-Cabrio. Aber von den andern zwoa, meinst du, dass ich nach dem Feuerwehrfest einen Böllerschützen gfunden hätt, der halbwegs nüchtern war? Der letzte war so bsuffa, den hats wegen dem Rückstoß von seim Böller ins Grab einighaut! 120 Kilo Mann – der Sarg war hi!

Und dann kann schon sein, dass ich was gsagt hab. Ich bin ja für den reibungslosen Ablauf der Beerdigung verantwortlich. Es kann sogar sein, dass des, was ich gsagt hab, über den Kreis der erlauchten Trauergäste hinaus hörbar war. Bis außerhalb der Friedhofsmauern. Vielleicht sogar bis zur Sparkass!

Aber wenn da einer sagt, so hat der Schorsch des gsagt, dann braucht er sich nicht wundern, wenn ich sage, das habe ich nie gesagt. Weil wenn ich des gsagt hätt, was die gsagt haben, dass ich gsagt hab, dann kann ich ganz klar sagen, hätt ich das noch viel schärfer gsagt. Jawoll, schärfer hätt i's eana neigsagt, in eanane Gschwollschädel, eanane greislichen!

Weil, wenn i des net sag, na sagt des ja koana, weil: Wer solls'n macha? Ha? Wer solls'n machen? Ha?

Mir ham bei der Bepflanzung unserer Gemeindeverwaltung Blut und Tränen gschwitzt. Insbesondere bei dem Kasus Kaktus, unserem geliebten Waschbetonkübel, der wo seit dem Besuch von Franz Josef Strauß im Jahre 1979 vor unserem Rathaus steht. Und der ist schon damals von unserem Landesvater lobend erwähnt worden, als Klo … äh … Schmarrn, als glorreiches Beispiel unserer Dings … äh … Gemeinde.

Seitdem haben wir den gemeindlichen Waschbetonkübel in Ehren g'hoitn und sogar einen Förderverein zum Erhalt gegründet.

Vorletztes Jahr dann hat ein gewisser Hauser Heinz nix Bledas zum doa ghabt, als mit der Laderampn von seim gschissenen Dreckslaster nach der

Weihnachtsfeier im Rathaus beim Einladen der Zapfanlage gegen unsere Franz-Josef-Strauß-Reliquie zu fahren! Wir warn alle betroffen und vielen aus unserer Gemeinde ist die Weihnachtsfreude dadurch flöten gegangen!

Gwoant hamma, wo ma die Schand gseng ham! Da hats ja ausgschaut wie nach einem Bombenangriff! Dieser gewisse Hauser ist, ob man es so sagen will oder nicht, rotzbesoffen in voller terroristischer Absicht gegen unsern Kübel gfahrn! Gegen den Hauser-Heinz und seine Laderampe, da ist der Taliban ein Gesangsverein!

Und weil des no ned reicht, hot der sich nacha wahrscheinlich in diesem unserem Gemeinde-Kleinod erleichtert. Neigschbiem hoda!

Der Kugelbuchs, den wo ich vor drei Jahren eigenhändig eingsetzt hab ... weil da war grad wieder beim OBI alles außer Tiere ... hat im wahrsten Sinne des Wortes zum Kotzen ausgschaut! Und wei's so koid war, hat ma ja wochenlang die gfrorana Breckal no gsegn.

Der Hauser-Heinz ist ein eingefleischter Sozi! Unser geliebter Waschbetonnachlass vom FJS ist mit voller Absicht vom Klassenfeind bebrochen worden! Ich sage immer: In unseren Kübel könnt ihr brechen, aber nicht unseren Willen!

Wurscht! Jedenfalls, letztes Jahr ist dann der Kübel von mir in wochenlanger Kleinarbeit saniert worn. 241 Arbeitsstunden. Ehrenamtlich! Ich hab auf der Innenseite einen Vollwärmeschutz mit Styrodurplatten angebracht und mit Epoxydharz ausgestrichen. Des ist jetzt fast schon ein Niedrigenergiekübel mit einem Energiestandard von KfW 70. Die Kosten meines ehrenamtlichen ÄngaSchmarrns von mir und meiner Person, beliefen sich auf 37 Euro und 96 Cent, aber nur, weil ich beim hiesigen Baumarkt einen Rabatt von 7 Prozent heraushandeln konnte.

Und jetzt werfen mir der Gustl und der Woifi vor, dass ich dadurch einen höheren Rabatt auf meinen neuen Carport bekommen hätt. Ausgerechnet der Gustl! Des Oanzige, was bei dem arbeit, san die Wimmerl auf seim Lahmarsch! Und der Woifi, der is so vui bläd, der hot an Intelentsquotienten unterhalb der Grasnarbe.

Da Woifi und da Gustl, da wanns'd ma ned gehst! De Lätschnbenes, die zamgsuffana!

Wer so was behauptet, ist es nicht würdig, ein Ehrenamt von solcher Wichtigkeit wie dieses unseres 1988 gegründeten »Vereines zur Erhaltung des Waschbetonkübels vor dem Gemeindeamt« zu bekleiden!

Dass wir den Franz-Josef-Strauß-Waschbetonkübel im Juni 2011 nun feierlich wieder seiner Bestimmung übergeben haben, ist nur der 1938 verstorbenen Hintermoser Fanni zu verdanken. Weil die hat uns bei der Bepflanzung geholfen, ohne dass sie was woas. Weil wir ham von ihrem stillgelegten Grab den abgeräumten Humus samt Blumenschmuck kostenlos übernommen!

Wenn jetzt also jemand behauptet, in dieser Angelegenheit müssten jetzt endlich Köpfe rollen, dann kann ich nur sagen, jawoll, viele, aber nicht meiner! Ich lasse mir das weder vom Gustl noch vom Wolfi sagen. Von dene bledgsuffana Schwammalzinkn, dene ausgschamten. Saubande elendigliche!

Folgen Sie mir bitte weiter durch die Flure meines Kopfes – aus der nächsten Tür dringt bereits fröhlicher Gesang. An der Tür steht »Meggy Montana«, es handelt sich um den erfolglosesten Schlagersänger der Welt. Diese Figur wurde mir in den Kopf gepflanzt von meinem Freund Stefan Fuchs, einem Autor, der für fast jedes Genre schreibt, und somit eben auch für den »Musikantenstadl«. Er hat ihn mir angedient, den hilflosen, liebenswerten All-time-Loser mit seinen entsetzlichen Liedern und den grauenvollen Texten. Wie sollte er sprechen? Österreichisch? Fränkisch? Auf der Suche nach einem möglichst unverbrauchten Dialekt wurde ich vor der eigenen Haustür fündig und stattete ihn mit einem weichen Allgäuerisch aus. Die weinerliche Sprechweise habe ich mir von einem Bekannten geborgt, den hier nicht zu nennen ich aus verschiedenen Gründen bevorzugen würde. Meggy, dein Auftritt!

Meggy Montana: Begrüßung

OFF-Stimme *(mit Trommelwirbel):* Meine Damen und Herren, wir kommen nun zur Show-Sensation des heutigen Abends! Vor drei Jahren hat er gesagt: Ich gehe nach Las Vegas – und wenn ich es da schaffe, dann komme ich nie mehr wieder. Und hier ist er! Einer der größten Entertainer, den wir für heute Abend verpflichten konnten: Meggy Montana!

Auftrittsmusik: Las-Vegas-Fanfare, aber auf 50-Euro-Kinder-Keyboard. Auftritt Meggy Montana

Meggy: Kaum zu glauben, aber wahr: Euer Meggy Montana, der Showstar aus dem Allgäu, ist wieder da!

Die Leidenschaft schäumt ungedämmt: Hier steppt der Papst im Kettenhemd!

Dank schea! Danke! Danke! Vielen Dank! Viela herzlicha Dank!

(weit über den längst verebbten Applaus hinaus:)

Danke schea! Ich bedanke mich sehr bei Ihna, danke sehr!

Einen wundr-, wundr-, wundr-, wundr-, wundr-scheana Obend wünsche ich Ihna! Schea, dass Sie heute

Abend kommen konnten, und dass vor allem Sie, gnädige Frau, so zahlreich erschienen sind!

Ich darf mich kurz vorstellen: Ich bin der Meischter der leichten Muse, der König der Doppelherzen! Fröhlicher Klang aus Nesselwang – Ihr und unsr Meggy Montana!

(weit über den längst verebbten Applaus hinaus:)

Danke sehr, vielen Dank, danke, sehr nett, danke sehr …

Ohne die allergeringste Bescheidenheit darf ich Ihnen anvertrauen: Meine Karriere ist einzigartig! Café Jasmin in Nesselwang, Hotel Zum Goldenen Löwen in Kempten, Ochsenbraterei auf dem Oktoberfest. Ist das eine Karriere? Leider habe ich in der Ochsenbraterei angefangen …

Seitdem habe ich in allen großen Häusern gesungen: in Möbelhäusern, Autohäusern, Kaufhäusern.

Den meisten unter Ihnen dürfte ich ja seit vielen Jahren ein Unbekannter sein, und allen anderen darf ich kurz erklären: In meiner langen Karriere habe ich öfter den Namen gewechselt – wegen einer neuen Stilrichtung und wegen der Steuer. Ein Onkel von mir ist erfolgreicher Heiratsschwindler, der hat mir ein paar gute Tipps gegeben.

Als ich angefangen habe, vor dreißig Jahren – vor drei**zehn**! Drei**zehn** Jahren! … Da war ich noch nicht da, wo ich heute hin möchte. Da hab ich auf der Gitarre gerade mal drei Griffe gekonnt. Die wusst ich noch vom Judo her … Und dann hat mir die Oma meine erste Platte bezahlt. Ich war schon im Studio, da ist mir brühwarm eingefallen, dass man zum Singen ja ein Lied braucht.

Ich hab dann zu den Technikern gesagt: »Ohne ein Lied sing ich nicht! Da bin ich Profi!«

Ich bin dann kurz vor die Tür, und wie ich nach einer halben Stunde wieder da war, da war dann auch das Lied fertig: »Marmor, Stein und Eisen bricht – aber unsere Liebe nicht!«.

Damals hab ich noch nicht gewusst, dass mir ein gewisser Drafi Deutscher dieses Lied 20 Jahre vorher gestohlen hat!

Ich habs aufgenommen und hab einen Namen für mich gebraucht. Und weil die Oma ein großes Aquarium gehabt hat, hat sie auch meinen Namen bestimmt: Guppy Goldbarsch und seine Süßwasser-Combo.

Das war meine erste Single. Heute heißt Single ja, dass man allein ist. Das war ich damals auch. Drei Singles hab ich dann noch gemacht, und alle drei verkauft. An die Oma.

Ich hab gesagt, Oma, so wird des nix, wir brauchen mehr Niveau, mehr Qualität! Und dann hatte ich **die** Idee! Deutsche Versionen von berühmten Beatles-Liedern. Mit eigenen Texten! *(singt:)* »Gesterntag, als der Ärger noch so ferne lag …«

Danach ist dann meine französische Phase gekommen. Als Marcel Montagne. Eine Single. Auf Französisch. »Sammadooschoaa.« Auf deutsch: »Sind wir da schon auch«. Das wäre beinahe in die Hitparade gekommen, aber die haben nur die ersten tausend Plätze gezählt.

Danach meine Pop- und Rock-Phase. Als Mike Mountain. Da hab ich den Titel-Song zu einem Film gesungen. »Blutjunge Masseusinnen in den Krallen gewissenloser Bademeister«. Der ist in Nesselwang im

Bahnhofskino zwei Wochen lang gelaufen! Kennen Sie bestimmt! (singt): »Do it Baby, do it Baby, los, come on! Do it Baby, do it Baby, all night long!«

Die italienische Phase, als Mario Montenegro, die überspringen wir, da war ich in der Jukebox im Café Jasmin in Nesselwang immerhin eine Platte **vor** Adriano Celentano.

Und seitdem kennen Sie mich als Ihren, unseren und meinen Meggy Montana! Den Namen hab ich von meinem Manager, dem Joe Köberle. Kennen Sie den? Köberle-Autozubehör und -Ersatzteile? Die erste Adresse in Nesselwang. Und seit mich der Joe managt, geht es mit meiner Karriere aber mit Karacho nach hinten los! Ich sag nur: Vorgestern Senioren-Nachmittag im Altersruhesitz »Schachmatt« in Gunzenhausen. Gestern große Kaffeefahrt mit Teilnahmemöglichkeit an einer Verkaufsveranstaltung der Firma Schamott und Co. Und heute, als Krönung dieses Monats, mein Gala-Abend hier bei Ihnen mit allen meinen Hits und großer Autogramm-Stunde!

Aber Schluss mit dem Gerede, der Worte sind genug verwechselt, Sie wollen ja schließlich Ihre ganz persönlichen Lieblingslieder hören, oder? Und da entführe ich Sie jetzt in ein Land, das Sie alle kennen! Ich lade Sie ein, mit mir zu träumen, denn Sie wissen ja: Das Thema, um das alle meine Lieder kreisen, das mir am wichtigsten ist und das das Leben von uns allen mit so viel Freude erfüllt, das ist das Geld. Die Liebe, wollt ich sagen! Oder vielleicht doch am besten beides, wie mein erster großer Hit beweist! Ich sing den Text, und Sie singen »sha-la-la, sha-la-li«. Können Sie das? Dann geht's jetzt los!

Was ich am meisten an dir mag –
Sha-la-la, sha-la-li
...das ist dein Bausparvertrag!
Sha-la-la, sha-la-li.
Früher warst du rank und schlank
Sha-la-la, sha-la-li
Doch heut hast du ein fettes Konto
Auf der Bank.
Was ich am meisten an dir mag –
Sha-la-la, sha-la-li
...das ist dein Bausparvertrag!
Sha-la-la, sha-la-li.
Und sagst du ja, dann bin ich dein
Sha-la-la, sha-la-li.
Und zieh noch heute bei dir ein!
Du bist nicht hübsch und bist nicht schön,
und auch kein bisschen fotogen.
Hast immer Hunger und auch Durscht,
und wie du aussiehst, ist mir wurscht.
Warum ich sie so selten seh?
Ich bin ja nie in ihrer Näh,
weil ich anstatt auf diese Frau
auf ihren Kontoauszug schau!
Und jetzt alle!
Was ich am meisten an dir mag –
Sha-la-la, sha-la-li
...das ist dein Bausparvertrag!
Sha-la-la, sha-la-li.
Früher warst du rank und schlank
Sha-la-la, sha-la-li
Doch heut hast du ein fettes Konto
Auf der Bank.

Was ich am meisten an dir mag –
Sha-la-la, sha-la-li
...das ist dein Bausparvertrag!
Sha-la-la, sha-la-li.
Und sagst du ja, dann bin ich dein
Sha-la-la, sha-la-li.
Und zieh noch heute bei dir ein!

Die Provinz, die Landflucht, das Veröden der kleinen Gemeinden, das Wachsen der Speckgürtel rund um die Ballungszentren – das sind wichtige Themen für mich. Trotz großer Unannehmlichkeiten habe ich den größten Teil meines Lebens weit weg von München verbracht. Am Anfang gab es die Bedrohung, dass ich in München zur Schule und zur Ausbildung muss. Das wollte ich auf keinen Fall! Ich fahre lieber 50 000 Kilometer im Jahr und bleibe Kaufbeuren treu. Und meinem »Vaterland« Franken. Das entsprechend oft zum Thema in der Landtagskantine wird …

Landtagskantine: Franken-Tatort

Beckstein: So, biddesehr, jetzt amoll a weng die Hände hoch und keine Beweechung, wenn ich do amoll a weng biddn dürfte!

Stoiber: Günther! Du vergissest dich! Was ist denn das für eine Art, uns hier in der Landtagskantine mit der Waffe zu bedrohen! Und das, obwohl du ja letzten Endes gewissermaßen gar keine Waffe dabei hast.

Seehofer: Edmund, mir graut Grauenhaftes! Das merkwürdige Verhalten hat bestimmt mit der Ankündigung zu tun, dass der Bayerische Rundfunk einen fränkischen Tatort produzieren will.

Beckstein: Hähä! Ganz genau! Und do hobbi mer gedocht, da übst scho amoll a weng, denn ich als oberschter Repräsant und ehemalicher Minsterpräsent bin doch a ganz heißer Anwärter für den ersten fränggischen Kriminaler! Und die Marga bringmer aa noch under, notfalls under die Erde. Als Leiche. Do konns dann a boor Minudn rumlieng und wird berühmt! Machen doch die Fußballspieler-Frauen aa net andersch …

Stoiber: Also das ist ja ungeheuerlich! Günther, ich bin ersetzt! Entschüttert! Also quasi völlig außer sich! Außer mir! Und uns! Ein ehemaliger Ministerpräsident als Schauspieler im Tatort! Das ist doch mit der ehemaligen Würde des ehemaligen Amtes … in keinster Weise … unter einen Hut … zu vereinbaren! Es gibt doch noch so etwas wie ständige Anfälligkeit! Auffallendes Rumstehen! Ich meine natürlich allfällige Anständigkeit!

Seehofer: Edmund, stell dein Stammeln ein und hör mir zu. Lass den Günther beim Casting teilnehmen, und wenn der Gottschalk als Franke in der Jury sitzt, soll er den Posten bekommen. Aber jetzt versuche mir zu folgen und lausche meinem Flötenspiel! Denke einmal an die beiden **Münchner** Tatort-Ermittler …

Stoiber: Dieser Batik und dieser Leithammel!

Seehofer: … denen geht's wie uns beiden. Die gehen beide auf die 60 zu. So wie wir. **Wir** allerdings von der falschen Seite.

Beckstein: Hähä! Des is lusdich, des hobbi ned verschdandn …

Seehofer: … und wenn **die** beiden in Pension gehen – wer meinst du, Edmund, wird dann ihr Nachfolger?

Stoiber: Horst, ich habe verstanden! Ich bin bereit! Sollen die Franken ihren einen Tatort pro Jahr haben …

Seehofer: … wir haben fünf! Mahlzeit!

Wie hat es der Krebs mit dem Stoiber ins Fernsehen geschafft? Sie erinnern sich: Blonhofener Festspiele, 1991, Wolfgang Krebs als Helmut Kohl, ab 1993 als Edmund Stoiber. Eine Art Nockherberg im Kleinen, mit viel Seitenhieben auf die Allgäuer Prominenz und deren Art der Lebensführung und Vermögenserweiterung. Zehn Jahre, in denen ich beim Fernsehen gearbeitet habe, aber auf der falschen Seite. Bei Pro Sieben und dann später bei RTL2, als Werbezeitenverkäufer. Da muss man zu den großen Firmen fahren und die überzeugen, dass man genau das richtige Programmumfeld für deren Werbespots hat! Der Krebs im feinen Anzug, mit schicker Frisur und stets geputzten Schuhen. Und ab und zu macht er Politiker nach, aber nur als Hobby und nicht in München.

Der schon erwähnte Georg Ried hob 2004 eine neue TV-Sendung aus der Taufe: »Schwaben weißblau«, eine bayerisch-schwäbische Faschingssitzung aus Memmingen. Dafür brauchte man einen Stoiber. Der diensthabende Parodist war Michael Lerchenberg, der Stoiber vom Nockherberg. Für die Sendung aber wollte man Personal aus der Region, deshalb hat Georg Ried den Wolfgang Krebs vorgeschlagen. Ich musste mich bei der zuständigen BR-Redaktion in München-Unterföhring vorstellen, bei Christian Faust und Heike Lutter. Und wenige Tage später hatte ich meinen ersten Fernsehauftritt. Dem dann zum Glück weitere folgten.

Heute sieht man mich ziemlich oft im Fernsehen, glücklicherweise. Ich trete aber genauso gern auch ohne Kameras auf – mit Texten, die nur für einen einzigen Termin entstehen. Wie für die Vorstellung des Wiesnkrugs. Herr Stoiber, bitte übernehmen Sie!

Stoiber: Wiesnkrug-Vorstellung

Meine sehr geehrten Damen und Herren, liebe Frau … äh … Dr. Dings … äh … häupl.

Liebe Wiesnwirtinnen und … äh … Wiesnwirte. Verehrte Pressevertreter.

Heute ist ein histerischer Tag … äh … ein historischer. Denn heute, am 25. August, dem Geburtstag von König Ludwig I. und König Ludwig II., da lassen Sie eben heute mit mir und meiner Person auch einen ehemaligen Landesvater hier sprechen.

Ich habe mich schon gefragt, warum lässt man das nicht mein Double machen. Aber heute gibt es hier eben das Münchner Original, also … äh … äh … mich.

Und wenn ich mich hier so umschaue, in diesem halbherzigen … fertigen Hackerzelt …, dann packt mich die Erinnerung beim Schopf, denn hier, auf der Theresienwiese, war ich ja auch immer mit meiner Karin beim Anzapfen.

Und wenn man beim Anzapfen drüben beim Schottendings ist, dann steht man gewissermaßen im Auge des Monsuns … äh … des Orkans, den das Blitzlichtgewitter der Presse über einen hereinregnen … äh … lässt.

Fotografierer aus aller Welt stehen dann hier herum und Kamerateams und sogar das Radio. Und alle wollen den perfekten Moment einheimsen … und zählen zunächst die Schläge der Uhr und dann die Schläge des Ude.

Viele Jahre war dieser Moment von mir und meiner Katrin … äh … meiner Gattin, der Karin, im Grunde genommen, … äh … umkränzt.

Wie oft habe ich meinen Beitrag zur Fremdenverkehrswerbung geleistet, alleine durch das Tragen meines Trachtenanzuges. Sie, liebe Frau Dr. Dings, haben mir ja dann immer eine gelbe Rose angesteckt.

Und wie oft habe ich vom Ude dann die erste Maß bekommen.

Wissen Sie, ... äh ... Frau ... äh ... Weiß ... äh ... Dings, es ist natürlich nicht leicht, die erste Wiesenmaß nun schon seit Jahren ausgerechnet von einem SPD-Bürgermeister gereicht zu bekommen. Politisch kann der mir ja nicht einmal das Wasser reichen. Aber hier soll es ausgerechnet Fassbier sein, wo doch jeder in Bayern weiß, dass ich am liebsten stilles Mineralwasser trinke.

Was mir außerdem beim traditionellen Ozapfa immer gewaltig gestunken hat, ist, dass der Münchner OB so im Mittelpunkt steht. Alle Augen sind auf ihn gerichtet. Immer schaut alles auf den Ude.

Aber manch einer fragt sich doch schon seit Jahren, wann er mit dem Holzschlegel statt auf den Zapfhahn mal auf den Ministerpräsidenten losgeht.

Gut, jetzt, wo der Wahlkampf in Bayern zwei Jahre vorzeitig begonnen hat, werden wir das ja vielleicht noch erleben. Aber in meinen letzten Jahren auf der Wiesn war der Ude immer so nett und reichte mir lächelnd die erste Maß. Natürlich gab der Ude mir gerne die erste Maß, weil die voller Schaum is!

In den ersten Jahren habe ich noch wohlwollend geglaubt, dass er einfach zu aufgeregt ist, um anständig einzuschenken. Aber der Ude, der hat das schlechte Einschenken in den Jahren geradezu perfektioniert! Der ist mittlerweile ein richtiger Schaumschläger!

Ja, ich sage Ihnen, wenn wir beim Ozapfa Glaskrüge hätten, dann würde man glauben, der Ude reicht mir eine Maß Latte Matschiatto! Also eigentlich stand mir immer schon der Schaum vor dem Mund, bevor ich die erste Maß bekommen hab!

Ich sag Ihnen das, der Ude will Ministerpräsident werden, nur damit er auch mal eine Maß vom OB bekommt. Aber dann wird sich das rächen. Dann kriegt er selbst den Schaum ab, den er jahrelang den anderen als Bier serviert hat! Nicht wahr Herr Roß … äh … Herr Reiter?

Gut, es gab nicht nur solche schlimmen Ereignisse, es gab darüber hinaus auch quälende Erinnerungen bei der Wiesn: Wird man den Popularitätstest bestehen? In der Ratsbox? Wenn man aufsteht: Wird das Volk jubeln und mit Rosen … äh … einem zuprosten?

Es ist einfach so, dass ich der letzte vom Volk faktisch gewählte bayerische Ministerpräsident bin. Denn den Beckstein hat fast keiner gewählt und dann kam der Seehofer, und der ist noch nie zu was gewählt worden.

Aber ich will hier nicht mit Glashäusern auf Steine schmeißen. Schließlich habe ich als ehrenamtlicher Leiter der EU-Arbeitsgruppe zum Bürokratie-Abbau mich erfolgreich in Brüssel eingerüsselt. Und Sie fragen sich sicher, was ich dort alles bereits geleistet habe. Nun, ich bin stolz darauf, Ihnen hier einen etwa 500 Seiten starken Zwischenbericht quasi ableisten zu können, den ich natürlich nur in Ausschnitten heute hier vorstellen kann. In den nächsten drei bis vier Stunden … Hähä, das sollte ein Scherz sein. Denn auch ich … äh … habe Humor. Solange er nicht … äh … bricht.

Denn auch ein Steinkrug geht so lange zum Schankbrunnen ... äh ... bis er an der Bruchsollstelle ... äh ... bricht.

Womit wir bereits beim Thema wären. Denn die Europäische Union hat die Neuregelung der Eichung von Schankgefäßen in der 80-seitigen Messgeräterichtlinie 2004 Schrägstrich 22 Schrägstrich EG des Europäischen Parlamentes und des Rates vom 31. März 2004 bestimmt. Hierbei bestehen eindeutige Vorschriften hinsichtlich der Anbringung von Eichstrichen. Also einer Strichmarkierung zur Anzeige des Nennvolumens.

Es gab also ein Konformitätsbewertungsverfahren, das im Grunde genommen alle Bewertungskriterien einbezogen hat. Da steht allen Ernstes drin, dass die Referenztemperatur für die Messung des Fassungsvermögens 20 Grad haben muss, aber ich frage Sie, wer trinkt sein Bier so warm? Es folgt eine lange Litanei über Füllhöhen-Markierungen auf der ebenen Fläche, die Stabilität der Werkstoffe, die Luftfeuchtigkeit des Ausschankraumes et cetera pepe.

Man kann in Bayern jedoch diese Richtlinien alle vergessen, denn da steht bereits in der ersten Zeile, dass diese nur für eine zum sofortigen Verbrauch verkaufte Flüssigkeit mit Ausnahme von Arzneimitteln ausgelegt ist. Und das Oktoberfestbier ist, wie jedes Bier für die Bayern, eine Medizin. Ein Grundnahrungsmittel, und deshalb gilt dieser Schmarrn hier nicht! Wir lassen uns von Europa nicht das Maß vorschreiben. Denn das Maß ist voll!

Sie sehen, wie wichtig die Entdemokratisierung ... äh ... gerade auf diesem Gebiet ... äh ... notwendig ist.

Aber es gibt auch andere Gebiete. Wenn ich mir alleine mal die Betriebsvorschriften für das Oktoberfest 2011 mal durchsehe – auch bekannt unter dem Namen »Weishäupl Zwei« oder ... äh ... »Ude Vier«. Da steht was drin über fliegende Bauten. Ha, fliegende Bauten! Da sag ich immer, wir sollten die Wiesn auf dem Boden der Tatsachen belassen. Denn wessen Träume hoch fliegen, der wird auf einem Teufelsrad ... äh ... herunterrutschen.

Auf Seite 14 beschreiben sie unter § 30, dass die Sitzfläche pro Person 0,44 Quadratmeter beträgt, somit also zehn Personen an einer Standardbiertischgarnitur Platz haben.

Das ist natürlich reine Theorie, denn eine Bierbank ist wie ein Politiker in der Sprechstunde: Wir müssen jeden Arsch ertragen, und wenn er noch so groß ist. Insofern sind ihre 0,44 qm reine Hypotheken ... äh ... Hypochonder ... äh ... Hypothesen.

Genauso wie § 42. Festbezieher haben am Geschäft in einer für jedermann erkennbaren Weise den Namen mit mindestens einem ausgeschriebenen Vornamen anzugeben. Ha! In einer für jedermann erkennbaren Weise.

Da denken Sie hier eben noch zu sehr lokal und nicht global. Denn für jedermann erkennbar heißt eben auch für die Chinesen, Thailänder und für Eingeborene Papua-Neuguineas. Wie heißen deren Schriften? Keilschrift, Elefantenschrift, Sanskrit.

Was mir hingegen gut gefällt, ist mit dem § 58 das Tanzen zu verbieten – außer auf den Tanzbühnen der Oidn Wiesn. Sie schreiben: Versuchen Festbesucher dennoch zu tanzen, so ist das unter allen Umständen zu verbieten. Das ist großartig! Das sollte man auch im Landtag einführen. Dann wäre Schluss mit Seehofers Eiertanz.

Oder § 67: Berechtigten Nachschenkbegehren ist ohne abfällige Bemerkungen sofort nachzukommen. Ohne abfällige Bemerkungen? Wo gibts denn sowas in Bayern?

Wissen Sie eigentlich, warum Politiker in keinem Bierzelt Reden halten dürfen? Ha? Weil laut Ihren Betriebsverordnungen unter § 74 Komiker nur in Schaustellerbetrieben auftreten dürfen!

Ja, gut, äh die Wiesn ist natürlich heute nicht mehr die Wiesn, wie sie zu meiner Zeit, seinerzeit, also damals war. Früher, als noch der Kini, also Franz Josef Strauß, der Landesvater, selber noch gerne drei bis vier Maß in sich förmlich hineingetrunken hat. Das ist heute undenkbar.

Damals habe ich ja schon immer für zwei Wochen die Wiesngeschicke ... äh ... die Staatskanzlei gelenkt. Und oft noch eine Woche mehr, bis der sich wieder erholt hat. Das kann sich doch heute keiner mehr vorstellen!

Ja, welcher Minister von heute kennt überhaupt noch die Traditionsfahrgeschäfte, die rauf und runter äh in einer Geschwindigkeit, die ja gar keine Geschwindigkeit war, und so alt vom ... äh ... Alter her, wo man überhaupt nicht weiß, was war früher da: die Geschwindigkeit oder das Fahrgeschäft.

Apropos Geschäft. Heute werden auf der Wiesn vor allem Geschäfte gemacht. Und damit meine ich jetzt nicht die Zelt- ... äh ... -händler. Zahlreiche Bayerische Unternehmen laden ihre Kunden aus aller Welt hierher auf die Wiesn hinein. Und da sind die dann *in 10 Minuten* … äh … Transrapid … äh … ganz rapid … äh … so besoffen. Haha! Die Preißen halten ja nix aus!

Ha, was meinen Sie, was die oft in der Früh um drei dann für Verträge unterschreiben … die bayerische Wirtschaft profitiert jedes Jahr davon.

Also die … äh … Wiesn hat eine enorme wirtschaftliche Bedeutung für die gesamte … äh … Weltwirtschaft. Ich möchte sogar soweit gehen zu sagen, die Wiesn ist, im Grunde genommen, der Globus der Motorisierung … äh … der Motor der globalisierten Weltwirtschaft. Der größte Handelsplatz wörldweid hehe also … äh … weltweit … äh … für die Lateiner.

Kommen wir nun aber einmal zum Bierpreis. Sie haben ja bestimmt mitbekommen, dass ich neben meinem berühmten Amt in der EU auch verschiedene Aufsichtsratsposten angenommen habe, zuletzt draußen in Unterföhring bei der ProSiebenSat.1 Media AG. Dort habe ich den Posten des Chefberaters bekommen und baue dort einen Beirat auf.

So einen Posten als Chefberater könnte ich mir auch bei der Wiesn vorstellen. Und als Chefberater der Wiesn habe ich auch klare Vorstellungen in Bezug auf den Bierpreis.

2001 wurden hier 4,9 Millionen Maß Bier verkauft zu einem Preis von 6,50 Euro.

2010 wurden 7,1 Millionen Maß verkauft zu einem Preis von 8,80 Euro. Also 2,2 Millionen Liter mehr verkauft! Das sind 45 Prozent mehr Liter und nur 35 Prozent Preiserhöhung gegenüber 2001.

Das heißt natürlich, je höher der Bierpreis, desto mehr Maß Bier werden verkauft. Das ist großartig!

Diese Korrelation muss man für die Bayerische Wirtschaft nutzen! Deshalb kann nur der nächste logische Schritt sein, den Bierpreis schnellstens um weitere 35 Prozent auf 11,88 Euro zu erhöhen. Dann müssten etwa 10,29 Millionen Maß Bier verkauft werden, denn: Je höher der Preis, desto höher die Anzahl der verkauften Liter. Darüber hinaus könnte man über die Einführung eines Europagroschens für die Griechen oder die Amerikaner nachdenken.

Wenn Sie sich alleine die historischen Umsatzzahlen hier auf dem Oktoberfest einmal anschaun: 1950, ich weiß es noch ganz genau, da wurden hier über 1,5 Millionen Maß Bier getrunken und 88 000 Hendl hineingespeist. Heute sind es sogar 7,1 Millionen Maß Bier und 505 901 Hendl. Das bedeutet natürlich nicht nur, dass heute praktisch zu einem Hendl 14 Maß Bier getrunken werden, sondern das heißt: der Bierumsatz ist seitdem um 473 Prozent angestiegen. Der Hendlumsatz sogar um 574 Prozent. Das sind zusammen 1047 Prozent, in Euro sind das sogar noch mehr!

Das ist fast eine Milliarde Euro Umsatz, dafür könnte man schon wieder ein Drittel der Transrapidstrecke bezahlen, also ein Drittel von 10 Minuten das wären dann 3 Komma 33 Minuten Fahrspaß vom Hauptfriedhof an den Flughafen Edmund Stoiber und zwar das ganze Jahr über! Wenn Sie dann nämlich am U-Bahnhof Theresienwiese mit 10 Minuten. Oder am U-Bahnhof Poccistraße. Dann starten Sie mit zehn Minuten auf der Wiesn.

Schaun Sie sich die großen Fahrgeschäfte einmal an, den Tobogan, oder die »Alpina Bahn«, das Riesenrad oder den Flohzirkus. Oder den »Fünfer Looping«, den

Transrapid unter den Bahnen. Die Fahrgeschäfte der Wiesn spielen international in der Champions League. Das können die anderen nicht … äh … Bunga Bunga in Rom oder … äh … Charles de Gaulles!

Und das kann ihnen keiner nachmachen. Damit ist die Wiesn das Größte und Schönste und Beste, was die Landeshauptstadt zu bieten hat.

Und wenn nun der Herr Oktoberbürgermeister Ude sich nach ganz Bayern erweitern will, dann sollten wir auch gleich nachdenken, ob wir nicht die Wiesn über München hinaus exportieren.

Weil, wenn Sie sich mal überlegen: Das Oktoberfest platzt aus allen Nähten. Wenn jetzt ein Italiener in München in den Hauptbahnhof einsteigt, dann steht er im Grunde schon vor dem Hofbräuzelt an! Das ist ja kein Zustand.

Aber jetzt erweitern wir die Wiesn von der Theresienwiese bis nach Ingolstadt! Das sind ungeahnte Möglichkeiten für den Tourismus. Wenn in Zukunft sechs Milliarden Chinesen zur Wiesn wollen, dann können wir ganz entspannt sagen: Kommt's vorbei, macht euch ein Glas Bier auf, die Schweinshaxe süßsauer ist schon auf dem Grill! Wir haben Platz genug: Direkt neben der dritten Startbahn in Freising stellen wir über der ganzen Stadt ein Partyzelt auf! Und in Ingolstadt eröffnen wir dann den großen Wiesn Outlet Store.

Wie immer, wenn die Politik Visionen hat, gibt es natürlich Neider, also Menschen, die ein solches Konzept nicht verstehen **wollen** oder auch intellektuell einfach nicht verstehen **können**! Mit anderen Worten: Die Franken werden wieder jammern. Weil sie angeblich benachteiligt sind. Aber den Franken rufe ich zu: Macht euch keine Sorgen, wir brauchen ja auch noch eine große Fläche für die Parkplätze und die Toiletten!

Meine Damen und Herren, kommen wir nun also zum eigentlichen Grund der Veranlassung: Die ganze Welt blickt heute hierher, um sich zu fragen, wie sieht der Wiesnkrug 2011 nun aus?

Der Wiesnkrug als Premium-Produkt des Souvenirhandels der Wiesn ist natürlich das Zentrum der Begierde. Und so füllt es sich ... mich mit Stolz und Demut, dass ich Ihnen heute diesen Krug an den Mund ... reichen darf.

Dieser Krug ist zwar leider nicht der 1979 eingeführte Eurokrug mit der Sollbruchstelle am Henkel, aber er ist eben noch verhüllt und die Enthüllung darf ich nunmehr vorgeben.

Meine Damen und ... Brüder. Liebe Frau Dr. Dings. Richten Sie Ihre Linsen bitte auf diesen einmaligen Moment!

(Er enthüllt einen Glaskrug mit Stoiberkonterfei, worauf Frau Dr. Weishäupl sich beschwert und auf den richtigen Krug verweist)

Ja gut äh dann halt den ...

Wenn man in München als Stoiber-Double unterwegs ist, dann kommt man um die Politik und ihre Nebenerscheinungen gar nicht herum. Und da hat die oben erwähnte Frau eine große Rolle gespielt: Gabriele Weishäupl, 1985 bis 2012 die Direktorin des Fremdenverkehrs- später Tourismus-Amtes von München und als Festleiterin verantwortlich für die Durchführung des Münchner Oktoberfests. Eine Frau mit enormer Energie und Durchschlagskraft, von niederbayerischer Herkunft und oberbayerischer Schlitzohrigkeit. Der Verlag, dem Sie das Buch zu verdanken haben, in dem Sie gerade lesen, hat auch die Lebenserinnerungen von Frau Dr. Weishäupl im Angebot. Man begegnet sich im Leben mindestens zweimal …

Ich gestehe es, wenn auch nur zögerlich. Frau Dr. Weishäupl hat ein bisschen Patin gestanden für die nächste Figur – eher in Richtung Frisur und Dirndl. Ich wollte bei so vielen Männern auch einmal eine Frau im Programm haben. Und weil Frau Dr. Weishäupl eine derart faszinierende Persönlichkeit ist, habe ich mir ein paar Scheiben von ihr abgeschnitten. Nur ganz wenig, man merkt es kaum. Und inhaltlich schon einmal gleich überhaupt nicht. Wie Sie gleich lesen werden …

Waldemarie und der bayerische Mann

Ja Grüß Gott recht schön, meine sehr verehrten Damen und Herren! Ich bin's, Ihre Waldemarie Wammerl! Huhu! Ja, ich weiß schon, es denken sich viele: Jetzt kommt wieder diese Frau, die aussieht wie ein Mann, der eine Frau spielt! Das nehm ich Ihnen gar nicht übel, das denken ja viele auch über Maria Furtwängler und Angela Merkel, da bin ich in allerbester Gesellschaft! Aber Sie können mir glauben: Ich bin durch und durch Frau – so wie meine guten Freundinnen aus Fürth, die Witwen Waltraud und Mariechen.

Wenn Sie mich kennen, dann kennen Sie mich schon. Und wenn Sie mich **nicht** kennen, dann werden Sie mich kennenlernen. Ich bin der Ausschuss. Genauer: Ich bin der Ausschussratsvorsitzenden ihre Vertreterin, und zwar vom Ausschuss zum Re-Import des bayerischen Mannes. Denn der ist ja praktisch ausgestorben, und das, was da herumläuft in den bayerischen Städten und Gemeinden, das ist ja in den seltensten Fällen ein bayerischer Mann. Sie wissen schon, wovon ich rede: von einer Mischung aus Konstantin Wecker und Wildschütz Jennerwein! Kennen Sie da einen? – Sehen Sie!

Unser Ausschuss beschäftigt sich damit, wie wir diese wenigen Exemplare hegen und pflegen und die Versprengten im unbayerischen Ausland wieder zurückholen. Wir sagen dazu auch *(zwinker-zwinker)* »Wiedereingliederung« … Da bekommen einige Damen schon ganz glänzende Augen, das kann ich gut verstehen, vor allem dann, wenn ich mir anschau, was da neben ihnen sitzt. Arm! Sehr arm! Ich komm ja viel rum in Bayern, aber **so** arm wars noch nie … Also wenn ich da an **meine** Männer denke! Also ich meine jetzt beruflich. Privat waren es ja nicht so viele … Also zumindest nicht so viele wie bei meiner Freundin Trudi. Wenn man die fragt, wer ihr bester Liebhaber war, dann sagt sie »die Münchner Philharmoniker«.

Lustig gemacht hat sie sich über mich! Weil ich halt mehr Langspielplatte war als Single. Aber irgendwann wars mir dann zu blöd und ich wollt ein bisserl angeben und dann hab ich gesagt: »Trudi – ich bin jetzt nur noch zwei Männer entfernt von einem flotten Dreier!«

Nein, nein, so eine Wilde wie die Trudi war ich nicht. Dafür hat schon meine Mutter gesorgt. Die sagt immer: »Wenn du Abwechslung willst, dann heirate einen Boxer, er sieht nach jedem Kampf anders aus.« Das war eine kluge Frau, mein Fräulein Mutter! Von der hab ich viel fürs Leben gelernt! Zum Beispiel … »Schlag nie einen Mann mit einer Brille! Schlag ihn lieber mit einem Nudelholz!«

Die hat gewusst, wovon sie redet! Meine Schönheit hab ich ja von ihr. Mei, war die schön! Sooo eine Ausstrahlung! Wenn man zu ihr ins Zimmer gekommen ist, ist es plötzlich ganz dunkel geworden, weil ihr Ausschnitt so tief war.

Dafür hab ich ja mit sehr vielen Männern als Professionelle zu tun gehabt. Denn ich war ja früher einmal Sekretärin im bayerischen Landtag und da hatte ich sie alle! Ich hab unter mehr Männern gearbeitet als Elisabeth Taylor und Kleopatra zusammen. Mein erster war ja der Franz Josef Strauß. Menschlich zweifelhaft, moralisch fragwürdig, politisch halbkriminell, also genau mein Fall.

Mei, und dann mein Erwin! Der Huber! Kennen S' den noch? Den Huber-Erwin? Der Zwillingsbruder vom Beckstein? Stimmt, ähnlich gesehen haben sie sich nicht. Das müssen zweieiige Zwillinge gewesen sein. Es gibt ja auch eineiige. Eigentlich ein schweres Schicksal. Aber man kann ja auch mit **einer** Niere leben …

Oder der Markus Söder! Der schöne Söder! Er hat ja alle Eigenschaften eines Pfaus – nur nicht seine Schönheit …

Ja, ich muss sagen, mit meinen Ehemännern hab ich da weniger Glück gehabt als mit meinen Ministerpräsidenten. Denn ich hatte ja in meinem ganzen Leben **nur** Ehemänner. Manchmal haben's ihre Frauen gewusst, manchmal nicht. Mein erster war ein Chemiker. Ich war auf Zimmersuche und eine Vermieterin hat mir ein Zimmer gezeigt und hat gesagt, der Vormieter war ein Chemiker und hat das Zimmer als Labor benutzt. »Ach«, hab ich gesagt, »und die Spritzer an der Wand, die sind von seinen Versuchen?« – »Nein«, hat sie gesagt, »das sind keine Versuche, das ist der Chemiker!«

Das hat mir imponiert und dann hab ich mich nach einem Chemiker umgeschaut – nicht nach dem an der Wand, nach einem anderen. Das war ein lustiger Kerl, der hat immer gesagt, dass es eine Kleinigkeit für ihn ist, die Frauen zu durchschauen. »Das kann schon sein«, hab ich gesagt, »aber dabei entgeht dir eine ganze Menge …«

Apropos: Kennen Sie den Unterschied zwischen einem Chemiker und einer Hebamme? Der Chemiker sagt »H-2-O«, und die Hebamme sagt »Oha, zwei!«

Ich hab mich dann aber doch schnell von ihm getrennt. Seine chemischen Reaktionen waren mir einfach zu schnell. Ich hab ihm gesagt: »Schatz, du bist wie das Meer! Du kommst und gehst.«

Und dann hab ich nur noch geheiratet. Der Beste war … lassen Sie mich g'schwind überlegen … der Erste war der Herzinfarkt, der Zweite war der mit dem

Mähdrescher, der Dritte … genau! Ein echter Bayer, ein ganzer Kerl! So einem wenn ich heute noch einmal begegnen würde – also ich glaub, da würde ich vergessen, dass ich so eine Art Dame bin. Ein Mathematiker! Auch so ein Lustiger! Den hab ich gefragt: »Soll ich die Pizza in vier oder sechs Teile schneiden?« und er hat geantwortet: »In vier. Ich bin nicht hungrig genug für sechs!«

Mathematiker! Naja. Ein bisserl weltfremd halt, besonders beim Einkaufen. Einmal sollt er ein Kilo Mehl kaufen. Die Verkäuferin fragt: »Soll ich es Ihnen einpacken?« und er sagt: »Nein danke, ich hab ein Netz dabei.«

Es ist immer schwieriger geworden mit ihm. Einmal hat er gesagt: »Ich wette, du kannst keinen Satz sagen, der mich gleichzeitig fröhlich und traurig macht!« … Und ich hab gesagt: »Schatz, du bist der beste Liebhaber in der ganzen Nachbarschaft!« Eines Tages war er dann einfach weg. Oder, wie er es gesagt hat, er hat sich selber bis zur Nullsumme subtrahiert.

Und danach? Nix mehr! Ich hab ja viele Politiker kennengelernt, aber ich hätt halt doch lieber einen Mann! Aber ab einem gewissen Alter, gell … Die meisten Männer haben dann schon zwei große Enttäuschungen erlebt: Das erste Mal, wenn es beim zweiten Mal nicht mehr klappt. Und das zweite Mal, wenn es beim ersten Mal nicht mehr klappt.

Manchmal denk ich mir: Warum soll ich eigentlich auf den Richtigen warten? Mit den Falschen war's ja auch ganz nett …

Sie, da muss ich Ihnen etwas erzählen: Ich hab vor Kurzem mit einem Arzt gesprochen … also der macht so … Beschneidungen. Aus Glaubensgründen. Also, der beschneidet Frauen, die glauben, die hätten zu viel von irgendwas. Oder manchmal auch zu wenig. Naja, und dann hab ich den einmal besucht in seiner Besserungsanstalt. Nur einmal so, interessehalber. Mei, man wird ja auch nicht jünger, gell? Und ich hab da auch schon so einiges versucht, das geb ich offen zu. Mit Schlammpackungen zum Beispiel. Hat auch funktioniert! Man sieht sofort besser aus! Also zumindest solange der Schlamm hält. Wenn er abbröckelt, ist alles wieder vorbei …

Und meiner Freundin Trudi hab ich einmal 2000 Euro geliehen für eine Schönheitsoperation. Das hat sie in Polen machen lassen. Da finden Sie ja gleich nach der Grenze links und rechts von der Straße den Musterkatalog. Ich hab dann nie mehr etwas gehört von der Trudi. Ich hätt sie gern auf mein Geld angesprochen, aber ich weiß ja nicht, wie sie heute aussieht.

In der Klinik, in der **ich** dann war … mei … ich sag's Ihnen … fahren S' da nicht hin … Es ist nicht schön da … Allein schon die Leut' … Am Eingang im Wartebereich, da war ein älteres Ehepaar, und der Mann hat gefragt, was eine Schönheitsoperation für seine Frau kostet. »2000 Euro!« war die Antwort. Da hat der Mann den Kopf geschüttelt und gesagt: »Ich kenn einen Jäger, der erschießt sie mir für 100.« Nicht schön, so etwas, sagen Sie selber …

Und ein Zimmer weiter, da war eine Frau vor einem Spiegel gestanden und hat gesagt: »Spieglein, Spieglein an der Wand, wer ist die Schönste im ganzen Land?« Und da hat der Spiegel geantwortet: »Geh zur Seite, sonst seh ich ja nix!«

Nein, nein, ich bin dann schnell wieder weg und hab mir was anderes überlegt: Ich wollt mir die Zähne bleichen lassen. Aber das war mir dann auch zu teuer. Hab ich mir gedacht: Den selben Effekt hab ich, wenn ich einfach blasser werde …

Ich hab dann aufg'hört mit dem Schmarrn und kann nur allen Damen hier im Publikum empfehlen: Rede nicht von Schönheit, wenn deine Schminke mehr wiegt als dein Hirn!

Nicht ganz einfach, sich in ein Frauen-Hirn zu versetzen. Da ist es bei den Männern schon einfacher. Denn die sind ja simpel strukturiert. Da wechseln sich die drei Top-Themen in der Reihenfolge, je nach Gemütslage. Immer dabei: Fußball. Erhellendes dazu frisch von der Essensausgabe der Landtagskantine.

Landtagskantine: Griechischer Fußball

Beckstein: Ich hätt da gern amoll Inderesse an einer Fraache: Die Leit reden da immer vom Viertelfinale. Und da verschdeh ich wos net ganz ...

Seehofer: Was gibt's denn da nicht zu verstehen?

Stoiber: Genau! Weil das ja klar ist!

Beckstein: A Schmarrn is klar! Was isn do klar, wenns haaaßt »Viertelfinale«. Die missn am doch sooong, in **welchem** Viertel! Da suucht ma sich ja sonst a weng doood!

Stoiber: Wenn ich dir das erläutern darf, mein lieber Bäcker. Mein lieber Beckstein ...

Seehofer: Au weh. Jetzt wird's noch schlimmer.

Stoiber: Also dieses Vierteldings findet natürlich nicht in einem Viertel statt, gewissermaßen, sondern es heißt Viertelfinale, weil es das Viertel eines Finales ist. So wie die Viertelstunde, der Viertelliter oder das weltbekannte Viertel ... äh ... Dings!

Seehofer: Kollegen! Männer! Fußballfreunde! Jetzt hört auf mit dem Schmarrn und hört mir zu! Jetzt ist die Zeit und die Stunde -

Stoiber: Die Viertelstunde!

Beckstein: Oder das Stundenviertel!

Seehofer: Jetzt ist die Stunde, in der Deutschland geschlossen hinter unserer Mannschaft stehen muss wie die CSU hinter mir! Die Griechen wollen nach vorn ins Tor und zurück zur Drachme. Sie wollen aus dem eigenen Strafraum heraus und in die Eurozone hinein. Sie dürfen Eulen nach Athen, aber nicht den Sieg davontragen. Männer, habe ich mich klar ausgedrückt?

Beckstein: Hobbi fei noch net verschdandn …

Stoiber: Das muss man ihm vielleicht einmal sagen, dem Meister Yogi. Also dem Lagerlöf. Dem Yogi-Dings! Griechenland ist immerhin die Wiege der Endoskopie! Die Heimat der großen Philosophen Oktopus und Poseidon! Da spielt man nicht nur mit dem Fuß, sondern auch mit dem Kopf!

Beckstein: Genau! Ich weiß, dass ich fei a weng nix weiß, hadder gsacht, der Philosoph in seim glann Fässla drin …

Seehofer: Das ist auch **mein** Wahlspruch! Aber ich weiß auch, dass die anderen nix wissen. Drum ist es mir lieber, ich weiß nix, solang die anderen noch weniger wissen.

Beckstein: Hobbi fei net verschdandn …

Seehofer: **Wir** verstehen etwas vom Fußball, wir wissen, wie wir ins Finale kommen, die anderen wissen weniger, nämlich wie viel?

Beckstein: Ein Viertel. Jetzt hobbis aaa verschdandn.

Der Schorsch ist im Laufe der Zeit zu einer meiner Lieblingsfiguren geworden. Er ist kein Ausbund an Gelehrtheit und Intelligenz, aber das bin ich ja selber auch nicht. Und am Anfang meines Lebens hat es so ausgesehen, als ob mein Bildungshorizont so groß wie eine Windschutzscheibe bleiben würde. Die Zeiten waren andere. Nach der vierten Volksschulklasse wechselten lediglich drei Mitschüler aufs Gymnasium. Ich war nicht dabei. Bei mir wurde eine enorme Sehschwäche eines Auges festgestellt, sodass man das andere künstlich erblinden ließ, um das schwache zu stärken. Bis dahin war ich der schnellste Leser der Klasse – was ich dem »Bussi-Bär-Lesespiel« zu verdanken habe. Einäugig war an schnelles Lesen und Schreiben nicht mehr zu denken – der Bub macht den Hauptschulabschluss und geht dann zur Post. Das insuffiziente Auge hat dann aber nicht dazu geführt, als untauglich für die Bundeswehr zu gelten. Ich rückte ein – wobei kurz danach festgestellt wurde, dass ich niemals hätte für tauglich befunden werden dürfen!

Wie ich dann letzten Endes meine Karriere bei der Post beendete und den zweiten Bildungsweg betrat – dazu später mehr. Jetzt lassen wir erst einmal mit schwerer Zunge und langsamer Hirntätigkeit jemanden zu Wort kommen, dessen schulische Karriere vermutlich auch nicht von allzu großem Erfolg gekrönt war. Immerhin ist er heute Ehrenvorsitzender von zwölf Vereinen. Seine Mutter muss sehr stolz auf ihn sein …

Schorsch: Neubaugebiet

Ich darf mich erst einmal vorstellen, ich bin der Schorsch Scheberl, ich bin aus Untergamskornzeisgrubengernhaferlverdimmering. Da bin ich Ehrenvorsitzender von sämtlichen zwölf Vereinen, denn irgendeiner muss es ja machen, gell? Ich hab da die besten Beziehungen, und ich mein – eine Hand wäscht die andere – gerade in unserem geliebten Bayernland. Und wenn einer von euch ... da sich quasi Sorgen macht wegen seiner Daseinsberechtigung ... ich mein ... da ist es ohne Weiteres vorstellbar ... dass ma sagt ... die Chancen ließen sich schon verbessern, gell? Nicht dass ich da etwas angedeutet haben will ... aber ich hab mich klar ausgedrückt. Gell?

Denn das ist ja sozusagen die Regel Nummer 1. Von nix kommt nix! Wie du mir, so ich dir! Verstehst du mich?

Und wenn jemand meint, er könnt da Manderl machen ... *(regt sich auf)* wie der Gustl und der Wolfi ... dann muss ich sagen: An allen gegen mich vorgeworfenen Vorwürfen ist nix dran! Und wenn etwas dran ist, dann stimmts nicht! Und wenn etwas stimmt, dann war nix! Und wenn etwas war, dann nicht von mir! Und wenn von mir etwas war, dann geb ich nix zu! So schauts doch aus!

Sexülle Nötigung! Die haben's nötig! Das werfen **die mir** vor! Sexülle Nötigung! Diese Sozialisten haben von Politik keine Ahnung, verstehst du mich, haben nix als Weiber im Kopf, und Rotwein, und die Toskana – aber **mir** werfen sie sexülle Nötigung vor! Diese Saubande, diese ausgschamte!

(beruhigt sich wieder)

Jetzt nehmen Sie nur einmal unser schönes Neubaugebiet ... direkt vor den Toren von Untergamskornzeisgrubengernhaferlverdimmering. Wer war dagegen? Der Wolfi und der Gustl! Die Sozialisten! Die einzigen SPD-Wähler bei uns! Jaja, Wahlgeheimnis schön und gut, aber wir brauchen keinen NSU und keinen Lord Schnooden, bei uns weiß man das auch ohne Elektronik! Grünen haben wir definitiv gar keinen bei uns, und den einzigen FDP-Wähler auch nicht mehr, seit das Hotel zug'macht hat. Bleiben der Wolfi und der Gustl, die Dreckhammeln, die damischen!

Nur dass ich Ihnen das kurz erzähl und Sie wissen, wie das ist bei uns in Bayern! Wir haben da ja jetzt dieses Neubaugebiet, sehr günstige Grundstücke, sprechen Sie mich einfach an. Eigentlich wollt mer ja dem Ikea verkaufen oder dem »Zeus-ar-As«, das ist ein Ikea nur mit Schaukelpferden. Aber weil da früher einmal die Chemiefabrik vom Kroninger war, hammer gsagt, des is nix für Kinder, mach mer a Neubaugebiet.

Zehn Reihenhäuser stehen schon da, bildschön, eins wies andere, Platz ist für weitere 244, sprechen Sie mich einfach an.

Gut, man kommt da jetzt nicht ganz so einfach hin. Wenn man nicht aufpasst, dann ist man schnell im Gewerbegebiet von Oberkorbelöd. Da hab i selber beim ersten Mal aufpassen müssen! Da denkst du, du bist in Bayern, und dann ist da plötzlich ein Wegweiser nach Fliesen-City. Da kommst du kurz ins Grübeln. Fährst du weiter, geht's ins Teppichland. Und gleich dahinter zum Saturn. Sollt man gar nicht meinen, dass der so nah bei Bayern liegt, gell?

Aber schließlich kommen Sie ins Neubaugebiet, leicht erkennbar am Verkehrsschild Neu-Untergamskornzeisgrubengernhaferlverdimmering. In einem der zehn Reihenhäuser wohnt meine Tante Walburga und direkt daneben die Mutter vom Gustl. *(regt sich auf).* Das ist an sich schon eine Frechheit von dem Gustl! Dass der seine Mutter pfeilgrad neben **meine** Tante in das Haus hineinsteckt! Das hat der mit voller Absicht gemacht, damit er mir sexülle Nötigung vorwerfen kann, der Mafioso, der hinterkinftige! Ich erinnere nur an den Waschbetonkübel von Franz-Josef-Strauß, den der Gustl in heimtückischer Weise zum Gegenstand eines politischen Attentats … *(beruhigt sich wieder)* Gut, Schwamm drüber …

Ich besuche also eines schönen Sommertages meine Tante Walburga im Neubaugebiet. Sie ist nicht mehr die Jüngste, und es könnt sein, dass sie ihr Testament machen will. Da braucht sie Beratung, und ich lass meine Verwandten in solchen Fällen ja nie allein. Da helfe ich, wo ich kann. Aus Gründen der Kreativität, du verstehst, hab ich ihr eine Flasche von ihrem Lieblingsenzian mitgebracht. Sie soll ruhig wissen, wers gut mit ihr meint in ihrer Verwandtschaft, netwahr …

Naja, der Abend wird lang, die Tante ist auch um Mitternacht noch wach und munter, denn sie trinkt ja keinen Alkohol. Aber die Flasche war leer, und ich hab gsagt, Tante Walburga, hab ich gsagt, altes Haus, weißt was, jetzt bleib ich über Nacht da und dann red mer morgen noch amal über deinen Neffen Ronald und ob des eine richtige Entscheidung war mit den Wertpapieren. Denn der kennt sich mit so was ja überhaupt nicht aus!

Ich opfere mich also und verbring die Nacht im Neubaugebiet. Bei der Tante Walburga im ersten Stock. Mit Blick auf den Saturn.

In der Nacht wach ich auf und werde eines menschlichen Bedürfnisses gewahr. Einen Schlafanzug hab ich natürlich keinen dabei gehabt, nur meine Unterwäsche, aber in der kann ich mich sehen lassen, in der bin ich sogar schon einmal im Auto geblitzt worden!

Ich such oben im ersten Stock nach dem sanitären … Scheißhaus. Aber der Architekt war kein Meister seines Fachs, denn irgendwie hat der die Toilette im Obergeschoss vergessen, oder sie war zugemauert. Jedenfalls hab ich sie nicht gefunden. Ich geh also die sehr wackelige Treppe nach unten, aber auch da: Fehlanzeige. Diese Reihenhäuser sind so klein, dass da kein Platz für den Abort ist. Die Tür zum Garten war offen, und so ein Garten ist ja ein guter Platz für Mensch und Tier, wie Gott sie geschaffen hat, um sich da des menschlichen Bedürfnisses zu entledigen.

Und jetzt passen Sie auf, jetzt kommt der Punkt, wo der Pudel im Pfeffer liegt! Und wo mir der Gustl sexülle Nötigung hinunterschieben will!

Dunkel wars, der Mond schien helle, ich hab einen Moment die Haltung verloren und bin … da ein bisserl … hingefallen. Hat nicht weh getan, der kleine Maschendrahtzaun hat den Fall gedämpft.

Ich mach mich also auf den Rückweg. Die Terrassentür steht immer noch offen, klar. Innen hat der Mond die Einrichtung in einem etwas anderen Licht erscheinen lassen …

Ich geh die wacklige Treppe nach oben, suche mein Zimmer, finde es. Und Sie werden es nicht glauben!

Liegt da die Mutter vom Gustl in meinem Bett und schreit wie am Spieß!

Ich, Gentleman, der ich immer schon vermieden habe, sein zu wollen, sage: Entschuldigen Sie vielmals, gnädige Frau, dass Sie sich in meinem Schlafzimmer geirrt haben!

Durch den Schreck ist mir ein bisserl schlecht geworden – und die ganze Flasche Enzian war wieder da – in Begleitung der Leberkässemmel und der Linsensuppn vom Mittag. Bitte, das gebe ich gerne zu, so etwas gehört nicht unbedingt in ein Bett hinein und auch nicht auf das Scheglinee einer Dame. Aber zum einen war das ja **mein** Bett, und da kann ich hineinlegen, was ich will. Und zum anderen war die Dame keine Dame, sonst hätt sie ja nicht so geschrien.

Ich also, ganz Gentleman der ganz alten Schule, will mich zurückziehen, aber da muss in der Zwischenzeit jemand einen Wollteppich in mein Zimmer gelegt haben. Auf alle Fälle komm ich ins Stolpern und falle versehentlich auf die schreiende Dame. Mitten hinein in die ehemalige Leberkässemmel und die eigentlich noch sehr gut erkennbare Linsensuppn. Trotzdem kein schöner Vorgang, das dürfen Sie mir glauben.

Anstatt aber, dass die Dame mich jetzt bedauert oder eventuell ihren hausfraulichen Pflichten nachkommt und mich reinigt, schreit sie weiter. Einbrecher! Lustmolch! Polizei!

In solchen Fällen entfernt sich der Gentleman diskret und tritt den Rückweg an. Also wieder hinunter und in den Garten. Aber der war mittlerweile … wie soll ich sagen … um ein Reihenhaus versetzt. Kein Wunder, dass sich die Mutter vom Gustl geirrt hat, das schaut da ja alles gleich aus! Über eine Entschuldigung hätte ich mich gefreut, aber Sie kennen ja die Leut. Machen einen Fehler und beschuldigen andere.

Typisch Gustl. Am anderen Tag beschimpft er mich und schreit mich an und sagt, dass er mich verklagen will. Wegen sexüller Nötigung! Er mich! Der unmoralische Kommunist verklagt einen aufrechten Christenmenschen, der sich in höchster Not vor seine Mutter und die Leberkässemmel geworfen hat! Aber da soll er ruhig klagen, der Prozesshansel. Da geh ich bis Oberkorbelöd, wenns sein muss!

Also dann. Grüß Gott miteinander …

Verkehrsprobleme, Missverständnisse, Harthirnigkeit und Denkschwierigkeiten – sie sind nicht nur in Untergamskornzeisgrubengernhaferlverdimmering zu Hause, sondern auch in der Landtagskantine. Und, wie man befürchten muss, auch in Staatskanzleien und auf Regierungsbänken …

Landtagskantine: Großer Bahnhof

Stoiber: Äh ... Mahlzeit ... liebe Partei ... Dings! Wie ist das eigentlich ausgegangen mit ... Frankfurt ... und diesem Flughafen? Ich war in den letzten Tagen augenblicklich nicht ganz momentan ...

Seehofer: Lieber Edmund, es handelt sich nicht um Frankfurt, sondern um Stuttgart. Und auch nicht um einen Flughafen, sondern um einen Bahnhof. Und darüber ist am letzten Sonntag abgestimmt worden.

Beckstein: Is scho komisch mit die Schwaben. Die müssen Zeit ham! Andere wählen einen Minsterpräsenten, die Schwaben einen Bahnhof ...

Stoiber: Ah so! Ja genau! Die haben abgelegt, ob er tiefer gestimmt wird!

Seehofer: Das wird immer schlimmer mit dem: Sie haben **abgestimmt**, ob er **tiefer** gelegt wird!

Beckstein: Hähä. Is scho komisch mit die Schwaben. Die wollen einen Bahnhof tiefer legen. Des machen wir in Franken nur mit die Autos.

Stoiber: Jetzt fällt es mir wie Schuppen ... gewissermaßen ... vom Jackett! Natürlich! Das ist ja schon zu meiner aktiven Zeit als Nationalspieler ... als Ministerpräsident ist das ja schon losgegangen! Ein ganzer Bahnhof im Souterrain! Ohne Seeblick! Also praktisch nicht zu vermieten! Und der wird jetzt tatsächlich gebaut? Also zu **meiner** Zeit hätts das nicht gegeben ...

Seehofer: Ich hab mir da auch was überlegt ... Wir haben doch dieses Problem mit unserem Flughafen. Und der dritten Startbahn ...

Stoiber: Stimmt! Das Problem kenn ich! München braucht eine dritte Startbahn! Weil das ja klar ist!

Beckstein: Aber was nützt denn eine dritte Startbahn, wenns keine dritte Landebahn gibt! Da fliechn alle Fliecher wech vo München, und keiner landet mehr! Da ist München bald eine Geisterstadt!

Stoiber: Und da hab ich mir überlegt: Wir machen es mit unserem Flughafen so wie Stuttgart mit seinem Bahnhof: Wir legen die dritte Startbahn einfach **unter die Erde**!

Beckstein: Hähä! A Mordsidee! Dann is beim Stattn a nimmer so laut!

Stoiber: Genial! Da werden die Freisinger erst dagegen sein, aber dann holen wir uns den Schlichter zum Geißeln ... den Geißler zum Schlichten!

Seehofer: So mach mers! Die Startbahn kommt in den Keller! Und ist dann in direkter Nachbarschaft zu den Umfragewerten der FDP. Mahlzeit!

Nicht nur der Bahnhof in Stuttgart war in der Landtagskantine ein Thema, sondern auch der Flughafen in Berlin. Beide Fälle, so steht zu befürchten, sind kabarettistische Dauerbrenner, die auch dann noch für Gesprächsstoff sorgen, wenn dieses Buch längst zerschreddert und wieder als Grundlage für andere Druckwerke aufbereitet worden ist – in die dann bedauerlicherweise und hoffentlich neue Flughafen-Berlin-Pointen hineingeschrieben werden.

Landtagskantine: Berliner Flughafen

Stoiber: So, bitte sehr, ich kann, ich soll, ich muss jetzt endlich auch einmal eine Lanze … aussprechen. Beziehungsweise meine Anerkennung brechen. Und zwar für die Hundebaustadt. Die Bundeshauptstadt. Und das ist ja neuerdings Berlin. Ich meine, ich habe sie ja noch gekannt unter ihrem Mädchennamen »Bonn« …

Seehofer: Ja was ist denn los? Du hast ja so viel Dampf unterm Jackett!?

Stoiber: Ja habt ihr denn das nicht verfolgt im Fernfunk und Rundsehen? Diese Berliner haben doch tatsächlich einen Flughafen verlegt! Quasi über Nacht! So wie wir damals! Von München nach München! Also von Riem in dieses Moos! Komplett! Mit allen Start- und Landebahnen!

Beckstein: Edmund, beruhiche dich, da hast du was falsch verstanden!

Stoiber: Ja aber wieso denn falsch verstanden? Der Flughafen **ist** doch heute nicht mehr in Riem, das weiß ich ganz genau! Das kann ich beweisen! Da müsst ihr nur vom Hauptbahnhof … in zehn Minuten …

Beckstein: Edmund, jetz horch amoll heeer: Der Münchner Fluuchhaafn is freilich verleecht. Aber der Berliner net!

Stoiber: Da musst du dich täuschen, lieber Backstein! Das weiß ich ganz genau. Von der Frau Hasselfeldt in Berlin. Der Flughafen ist verlegt!

Seehofer: Nicht der Flughafen ist verlegt. Sondern der Umzugstermin!

Beckstein: Debbala …

Stoiber: Was? Der Umzugstermin? Das ist aber unangenehm. Da ist jetzt schon das ganze Geschirr verpackt … die Plastikbecher … die Omnibusse … und dann kommt der Möbelwagen nicht …

Beckstein: Dabei hammer fei sogoor Experten aus München nauf nach Berlin gschickt.

Seehofer: Das ist rrrichtig. Und die habe ich persönlich ausgesucht!

Beckstein: Au weh. Ist dir denn des gar net beinlich?

Seehofer: Im Gegenteil. Oder hättet ihr wirklich gewollt, dass die Berliner genauso gut im Flughafen-Umziehen sind wie wir Bayern? Na also. Hammer's doch scho wieder, hähähähä …

Schade, dass die Amtszeit von Günther Beckstein so kurz war. Als (Bühnen-)Figur war und ist er einfach großartig! Ich durfte auch einmal seinen Bruder kennenlernen – der genauso spricht, aber deutlich größer ist. Günther Beckstein und seine Frau Marga fahren mit dem Bruder und dessen Ehefrau sehr oft in den Urlaub, das Urlaubsziel sucht stets Marga Beckstein aus. Eine ehemalige Lehrerin. Wer da widerspricht, muss nachsitzen oder die Klasse wiederholen.
Im Radio durfte ich Beckstein regelmäßig sprechen, auch in der Sendung »quer« – und für die Bühne habe ich mir ausgedacht, was wäre, wenn die Figur Beckstein die Schöpfung von PR-Beratern ist. Natürlich nur ein Märchen …

Wie Beckstein zu Beckstein wurde …

Beckstein spricht direkt in eine Kamera. Aber Beckstein sieht aus wie Wolfgang Krebs und spricht auch wie er. Ein unsichtbarer »Regisseur« gibt Anweisungen.

Stimme: So, Herr Beckstein, schön, dass Sie kommen konnten.

Beckstein: *(hochdeutsch)* Ja, aber sehr gerne, ich meine, es ist ja auch in meinem Interesse.

Stimme: Wir haben Ihnen ja einen Katalog mit Vorschlägen und Requisiten zur Typ-Optimierung geschickt – war denn etwas Passendes dabei?

Beckstein: Oh ja! Ich habe das alles lange mit meiner Frau Evelyn diskutiert und wir sind dabei zu folgendem …

Stimme: Entschuldigung … **wie** heißt Ihre Frau?

Beckstein: Evelyn.

Stimme: Oh je ... Nein, das geht nicht, Herr Beckstein! Die Frau eines volksnahen Politikers kann nicht Evelyn heißen! Wie wäre es denn mit ... zum Beispiel ... Marga?

Beckstein: Marga?

Stimme: Ja! Marga Beckstein! Klingt doch gut!

Beckstein: Na, wenn Sie meinen ... Ich habe das also lange mit meiner Frau ... Marga besprochen.

Stimme: Sehr gut! Für welches Toupet haben Sie sich denn entschieden?

Beckstein: Für das!

Er verschwindet kurz nach unten – und taucht dann mit einem idiotischen Rex-Gildo-Fifi wieder auf. Er strahlt stolz.

Beckstein: Na, ist das was?

Stimme: Herr Beckstein ... bitte nicht böse sein ... aber so sehen Sie ja aus wie ein Pelztierhändler ... Nein, Sie brauchen was Kleineres, Struppigeres, etwas, das Mitleid auslöst!

Beckstein: Da war aber nichts dabei ...

Stimme: Doch! Das kleine Teil! Das aussieht wie ein überfahrener Igel.

Beckstein: Ach, das war ernst gemeint? Ich hab gedacht, das ist Verpackungsmaterial! Gut, dann probier ich das ...

Beckstein verschwindet – und taucht mit Beckstein-Toupet auf.

Beckstein: So besser?

Stimme: Ausgezeichnet! Das ist der Beckstein, den die Leute lieben werden! Kommen wir jetzt zum Dialekt. Wir waren uns ja einig: oberbayerisch darf es nicht sein. Je exotischer, hilfloser, desto besser! Woran haben Sie gedacht?

Beckstein: *(platzt fast vor Stolz):* Passen Sie auf!

Sagt einen Satz im Allgäuer Dialekt.

Stimme: Pause

Beckstein: *(wieder hochdeutsch)* Sind Sie noch da?

Stimme: Herr Beckstein ... was ... war ... das?

Beckstein: *(stolz)* Allgäuer Dialekt! War lange nicht mehr da seit Theo Waigel!

Stimme: Das ist ja entsetzlich! Das geht **gar** nicht! Wir brauchen etwas Liebenswertes! Weiches! Es darf ruhig ein bisschen provinziell und dümmlich klingen ...

Beckstein: Ach so ... Wie wäre es dann **damit** ... *(auf fränkisch, aber noch ohne Beckstein-Sound):* Horch amoll, Maadla, ham mir noch a weng was vo dera Moggadodde?

Stimme: Perfekt! Und jetzt vielleicht noch etwas pressen und keuchen ...

Beckstein: *(im Beckstein-Sound)* Ich begrüße Sie ganz herzlich hier in meiner Heimatstadt Nürnberch und wünsche Ihnen allen von Herzen einen schönen Daach!

Stimme: *(begeistert)* Das ist es! Herr Beckstein – Sie haben sich neu erfunden! Letzter Punkt: Kleidung und Haltung!

Beckstein: Ich glaub, dieses Mal hab ich ins Schwarze getroffen ...

(Beckstein verrutscht die Krawatte)

Beckstein: Jetzt?

Stimme: Das ist es! Und jetzt alles zusammen!

Beckstein: Zwei Mass Bier plus x und dann fahr ich nach Hause – und zwar selber!

Bayern und seine Dialektvielfalt – wie sehr ich es liebe, und wie ich davon profitiere! Und ich habe immer wieder Gelegenheit, meine Kenntnisse zu erweitern und aufzufrischen. Allgäuerisch habe ich vor der Haustür, Oberbayerisch liegt mir im Blut, das Oberfränkische ebenfalls. Welche Freude, wenn ich aus einem freudigen oder traurigen Anlass meine oberfränkische Verwandtschaft besuche, und mir dort jeder erklärt, in welchem Verwandtschaftsverhältnis er zu mir steht. Ich lausche verzückt, wähne mich inmitten einer oberfränkischen Oper und freue mich, ein Landei zu sein! Und ganz nebenbei springt dann sogar noch ein Text für die Landtagskantine heraus. So wie dieses Werk, das nach einem solchen Besuch entstand und die Adventszeit 2013 bereicherte.

Landtagskantine: Wort mit vier Zett!

Beckstein: Soderla, semma widda amoll a weng do herin in unserer Kandiene! Und wie schön scho alles gschmückt is! Adventlich!

Stoiber: Lebkuchen seit August, und seit ein paar Wochen Karzinompantoffeln! Also diese Dings, diese Marzipankoffer! Und da auf dem Tisch steht ja auch schon ein Adventsdings!

Beckstein: Hähä! Da fällt mir a weng a klaaner Schbass ei! Edmund, horch amoll, sooch amoll a Wort mit vier Zett!

Stoiber: Zinszuwachszertifikatszentrale.

Beckstein: Net so ernst! Mach halt amoll a weng an Schbass! Also nuch amoll: a Wort mit vier Zett! Und denk an den Advent!

Stoiber: Zinszuwachszertifikatszentrale im Advent.

Beckstein: Du hast an Humor wie ein Dodngräber! Also bass auf: Das Wort mit vier Zett lautet Azvenzkranzkerze! Hähähä!

Stoiber: Das, mein lieber Spülstein, ist … äh … gewissermaßen … also quasi sozusagen … sehr … äh … lustig. Das muss ich gleich dem Seeadler erzählen! Da kommt er schon!

Seehofer: Mahlzeit, Burschen!

Stoiber: Mahlzeit, mein lieber Dings! Ich hätte da … eine Frage … von eher humoristischer Nuancierung, die mit der aktuellen Vorweihnachtszeit zu tun hat. Denn der Advent steht ja bekanntlich vor der Tür, bald kann er da sein, in zehn Minuten, wenn Sie so wollen! Deshalb meine Frage: Nenne mir, o Horst, ein Wort mit vier Zett und denke dabei an das Hier und Jetzt!

Seehofer: Ich versteh kein Wort!

Stoiber: Falsch! Zum einen sind das vier Wörter, zum anderen ist da nicht der Hauch eines Zetts zu erkennen. Die richtige Lösung lautet vielmehr … äh … wie war das noch … Ich weiß: Tannenbaumbeleuchtung!

Seehofer: Da sind keine vier Zett drin, noch nicht einmal eines!

Stoiber: Stimmt! Dieser Beckstein redet manchmal einen Schmarrn daher …

So wie auch schon Stoiber und Beckstein durfte ich Horst Seehofer kennenlernen. Und ich gestehe: Ich bin ein Fan. Selbstironischer und gelassener ist kein anderer. Was man daran ablesen kann, dass er **mich** *bat, die Rede zu seinem 60. Geburtstag auf einem CSU-Parteitag in Nürnberg zu halten. Das Seehofer-Double gratuliert dem Original, also sich selber, und dann doch wieder nicht. Ich musste weder vorher meinen Text abgeben und genehmigen lassen, noch hat mich ein aufgeregter Bedenkenträger ausgefragt oder gewarnt. Bevor gleich der falsche Seehofer zu Ihnen spricht, hier ein Ausschnitt aus einem Artikel, den ich für den »Münchner Merkur« geschrieben habe, aus Anlass des 65. Geburtstags:*

Oft werde ich gefragt, ob ich denn die Personen mag, die ich parodiere: den Stoiber, den Beckstein, den Söder, den Seehofer. Und ich sage immer: Ja, ich mag sie! Nicht für alles, was sie tun oder sagen, aber für das, wie sie sind. Ich habe alle kennenlernen dürfen, und alle sind sie so, wie man glaubt, dass sie sind – und doch wieder ganz anders.

Normalerweise sagt man über Politiker nur dann freundliche Dinge, wenn sie in einem Holzgehäuse vor einem liegen. Bei Horst Seehofer muss man nicht so lange warten: Das ist einer, der häufig ohne Bodyguards zu Terminen kommt. Der sehr häufig sagt, was er denkt, bevor er denkt, was er sagt. Einer, von dem man mit Sicherheit behaupten kann, dass ihm der Job des Politikers mehr Spaß macht als er ihn Kraft kostet.

Als ich mich entschlossen habe, in diesem Jahr nicht am Nockherberg den Seehofer zu machen, hat er mich

kurze Zeit danach angerufen und gefragt: »Sagn 'S amal, Herr Krebs, was is'n da los?« – Und dann redet er mit einem in diesem unaufgeregten Bariton, mit dem er aus jedem Tsunami ein Wellenbad machen könnte.

Ihn zu parodieren, ist nicht leicht, weil er kaum Ticks und Marotten hat, keine auffälligen Vorlieben für bestimmte Formulierungen oder häufig eingesetzte Lieblingswörter.

Bleibt das Erscheinungsbild. Glücklicherweise habe ich in etwa seine Größe, muss da also nicht nachhelfen. Und ansonsten bleibt nur die typische Seehofer-Haltung, Marke Fels in der Brandung oder Findling im Geröll.

Was ihn für **mich** so sympathisch macht: Dass er kein Freund des Aschermittwochs ist. Große Reden vor großem Publikum – kein Problem! Aber im Bierdunst mit groben Worten dem Gegner eins mit der Keule verpassen vor Menschen, die nicht zuhören und nur auf Reizwörter reagieren – das mag er nicht. Da liegt ihm die Auseinandersetzung in Zimmerlautstärke und mit Argumenten schon mehr. Dabei bedient er sich auch gerne der sprachlichen Realitäts-Optimierung, aber wenn er das **nicht** täte, wäre er in der Politik falsch.

Vor fünf Jahren, an seinem 60. Geburtstag, wurde ich von ihm eingeladen, bei einem CSU-Parteitag seine Geburtstagsrede zu halten. Als Seehofer. Man bedenke: Der echte Seehofer lädt den Seehofer-Parodisten ein, damit der falsche Seehofer dem echten Seehofer als falscher Seehofer zum Geburtstag gratuliert. Man kann hoffen und beten – aber es wird lange dauern, bis man bei einem Politiker einen ähnlichen Sinn für Selbstironie findet. Da schwärmt man immer von den Amerikanern und ihrer Lockerheit. Wir haben auch so einen. Dass der Seehofer heißt – darauf kommen die wenigsten.

Seehofer: Geburtstagsrede zu seinem Sechzigsten

Liebe schwarze Schwestern und Brüder, sehr verehrte Damen und Herren, liebe Frau Bundeskanzlerin! Sind S' mir jetzt nicht bös, dass ich Sie nicht einfach unter die Damen einsortiere, sondern extra erwähne. Aber als Bundeskanzlerin sind Sie halt keine Dame, sondern eher so eine Art Frau. Als Frau, das muss man sagen, sind Sie das Beste in Ihrer Art! Außerdem hat man mir beigebracht, dass man immer höflich sein soll zum minderwertigen Geschlecht. Das haben wir beim Frühstück in Ingolstadt genau so besprochen …

Liebe Brüderinnen und Brüder! Wie Sie wissen, bin ich kein Freund von großen Reden. Aber in diesem Fall muss ich meine angeborene Zurückhaltung überwinden und das Wort ergreifen. 60 Jahre Seehofer – diese Rede kann ich nicht irgendeinem Parteifreund überlassen. Die reden wieder irgendeinen Unsinn, und irgendeinen Unsinn red ich lieber selber. Da bin ich durchaus selbstkritisch! Ich weiß, ich hab schon etliche Versprechen gebrochen. Aber ich kann neue machen, und die sind genauso gut!

Schauen Sie … Zum 66. Geburtstag von Edmund Stoiber wollte man den Udo Jürgens einladen und der sollte singen »Mit 66 Jahren, da fängt das Leben an«. Das war mir zu teuer. Zu **meinem** 60 .Geburtstag wollte man den Curd Jürgens einladen, der sollte singen »60 Jahre und kein bisschen weise«. Das war mir zu billig.

60 Jahre – da muss man sich von allerhand verabschieden. In meinem Fall von einigen Parteikollegen.

CSU
60
Jahre
HORS
SEEH
CSU
CSU

Politik ist halt immer auch Abschied. Zu einigen Mitarbeitern hab ich sagen müssen: »Schau … Mir bist du gscheit genug. Aber denk doch einmal an meine Freunde!«

Damit ist nicht gesagt, dass man mit 60 kein guter Politiker sein kann! Franz Josef Strauß war mit 73 noch Ministerpräsident. Adenauer ist mit 73 erst Bundeskanzler geworden. Gut, der war bei der CDU, aber warum soll man nicht gute Entscheidungen vom politischen Gegner anerkennen?

60 Jahre bin ich jetzt alt, davon bin ich über 70 in der Politik. Und wenn Sie mich fragen, was meine politische Karriere ausmacht, dann kann ich Ihnen nur sagen: Niederlegen und zurücktreten. Was ich schon an Ämtern niedergelegt habe, da kann man den Plärrer damit kacheln. Und wie oft ich zurückgetreten bin! Da müsst ich heut eigentlich 50 Kilometer weiter weg sein! Sie sehen: Wer rückwärts tritt, kommt auch nach vorn! Und rückwärts, liebe Brüder und Brüder – das war in

der CSU schon immer vorwärts. Das wird sich auch in Zukunft nicht ändern. Und ich denke jetzt überhaupt nicht an **mich**, sondern nur an Sie, wenn ich sage, dass Opfer gebracht werden müssen! Und es liegt viel Arbeit vor Ihnen und hinter mir! Schauen Sie: Wer von Südbayern hierher nach Nürnberg auf der Autobahn fährt, der kommt über das Autobahn-Kreuz Nürnberg-Ost! Bedenken Sie: Nürnberg-Ost! Das sind also die Früchte der Entspannungspolitik!

Wir sollten alle zusammen mehr wagen, mehr Risiko ins Leben bringen, die Handbremse vom Home-Trainer abschrauben! Ich zum Beispiel nehm jetzt **abends** Aronal und **morgens** Elmex! Da kommt der Ingolstädter Rock'n'Roller in mir durch ... Und so verspreche ich, dass ich auch in den nächsten 60 Jahren nichts an meinen Prinzipien ändere. Das gilt für die Gespräche mit den Roten, den Grünen, den Gelben. Ich brauche ihre Meinung nicht, wenn ich mit ihnen diskutier!

Und es werden Jahre der Sparsamkeit auf uns zukommen. Aber da gilt meine Devise: Es muss kein Pferd im Stall sein, es reicht auch Schimmel in der Wohnung!

Und zum Schluss möchte ich gerne nur noch eines klarstellen: Niemand ist noch mehr daran interessiert, dass Horst Seehofer möglichst lange bei bester Gesundheit bayerischer Ministerpräsident bleibt als ich selbst!

Und wenn jetzt noch ein paar Brüder Reden halten wollen, dann können Sie das gerne tun, aber bedenken Sie: Ich möchte noch nach Hause fahren, und mein Auto hat nur TÜV bis März.

Ich danke Ihnen!

Kurz danach bekam ich einen Anruf von Helmut Markwort. Ob ich nicht Lust hätte, die Geburtstagsrede zum 70. Geburtstag von Hubert Burda zu halten – ein Mann, dem ich nie vorher begegnet bin. Für »meinen« Stoiber ist das kein Problem, der kann auf Knopfdruck eine zwanzigminütige Rede auf irgendjemand oder irgendetwas halten. Aber es sollten ja auch Beckstein und Seehofer reden, und da brauchte es dann doch ein bisschen mehr Substanz – zumal das Verhältnis von Seehofer zu einigen Burda-Blättern sehr gespannt war, weil darin viel Unangenehmes über Seehofers Privatleben zu lesen war.

Helmut Markwort zerstreute meine Bedenken, versorgte mich mit Informationen und Details – und die drei Redner in Form von mir waren munitioniert.

Zum 70. Geburtstag von Hubert Burda

Seehofer
Liebe schwarze Schwestern und Brüder, sehr verehrte Damen und Herren, liebes Geburtstagskind und folglich … hähä … lieber Hubert!

Und in dieser Zeit, mein lieber Hubert, haben wir gemeinsam etliches … hähä … gedruckt und gedrückt! Ich bin dir heute noch dankbar für diese Geschichte da … hähä … diese sogenannte Enthüllung über mein Berliner Privatleben … Ohne diese Geschichte wäre **ich** damals anstelle vom Huber CSU-Vorsitzender geworden und somit verdanke ich dir auch, dass ich heute noch im Amt bin. Nix für ungut … aber es war ein Fehler, dass du die Geschichte in der »Bunten« abgedruckt hast. Da hast du doch bessere ... Organe! »Fit for fun« zum Beispiel! Oder ... hähä ... die »Freundin«!

Mein lieber Hubert, man soll ein Geburtstagskind an seinem Ehrentag ja nicht kritisieren. Dass du ihn hier in München feierst, ist angemessen. Dass du danach nach Offenburg fliegst, ist überflüssig. Gut, sie benennen da jetzt eine Straße nach dir. Da muss ein Nobelpreisträger drei Jahr drauf warten. Da hast du jetzt eine Straße – und folglich ... in drei Jahren den Nobelpreis, hähähähä!

Ich hab dieses Außer-Münchner ... ich sage mal: Verhältnis – in Offenburg nie verstanden. Du wohnst in Bogenhausen und am Tegernsee, du kannst jodeln und bergsteigen, deine Kinder Lisa und Jacob sind in München geboren, ihr seid FC-Bayern-Fans – was hält dich da noch in Baden? Das Weingut kannst du behalten und telefonisch verwalten. Und falls der Oettinger was über dich weiß – der ist jetzt weg! Nicht mehr in Baden-Württemberg, sondern jetzt in Europa, völlig ungefährlich!

Also, Hubert, schlag ein! Werde ein Voll-Münchner und Ehren-Ingolstädter. Dann musst du mich schon auch mal zu dir nach Hause einladen, so wie den Stoiber und den Beckstein. Ich denke, das habe ich mir jetzt verdient.

Beckstein

Meine sehr geehrten Damen und Herren, lieber Herr Professor Doktor Hubert Burda, liebe Freunde hier in der Arabellastraße, wo München am schönsten ist. Also ich hab mir schon gedacht, dass es hier eine Reaktion gibt.

Also sicher kann ich hier nicht verhehlen, dass es für mich am schönsten zu Hause ist, in Nürnberg-Langwasser bei meiner Marga. Jedenfalls hat die Marga gesagt, dass ich des sagen soll, wenn mich jemand danach frägt.

Ich freue mich, dass wir uns heute mal am Vormittag sehen, da bin ich nämlich noch hellwach! Letztes Mal, als wir uns gesehen haben, da war es am Abend bei Ihnen zu Hause und da bin ich vor lauter Amtsmüdigkeit eingeschlafen. Aber ich hatte Glück: Kurz bevor eine zufällig anwesende TV-Kommissarin, die nicht näher genannt werden möchte, die Gerichtsmediziner bestellen wollte, bin ich wieder aufgewacht. Ich erzähle Ihnen das nur, damit Sie alle merken, dass wenigstens ich meinen Humor net verloren hab.

Ich bin heute hierher gekommen, um zu warnen und zu mahnen! Schauen Sie, mein lieber Jubilar, Sie befinden sich als gebürtiger Baden-Württemberger hier in München in einer ähnlichen Situation wie ich als Mittelfranke. Sie ham's ja gsehn, was passiert ist mit mir: Nausgschmissn hams mi. Aus meinem eigenen Bundesland!

Und dass Ihnen das nicht genauso geht, hier mein Rat: Dun S' fei immer schön aufbassn! Bei mir hats angfangen mit dem Rauchverbot. Machen S' des bloß net! Was? Das ist schon eingführt in Ihnen Ihrem

Verlag? Ojejejeje! Welch gräulich Unheil dräuet dort am Firmament!

Jetzt kommt noch dazu, dass Sie gern Trompete spielen und gern singen. Ich habe auch immer gern gesungen, zum Beispiel das Frankenlied. Und was für mich das Frankenlied ist, das ist für Sie das Badener Lied. Passen S' bloß auf! Man erzählt sich, Sie haben bereits mehrfach bayerische Mitarbeiter genötigt, das Badener Lied zu singen! Hier! Mitten in München! Gut, Sie können sich das leisten, ich habe mir damit den Zorn der Altbayern zugezogen und bin dann abgezogen.

Aber bleiben Sie ganz ruhig! Selbst wenn es zum Äußersten kommt und Sie sich tatsächlich eines Tages zur Ruhe setzen, in 10, 20 Jahren – machen Sie es wie ich: Ich bin froh, dass ich nimmer Minsterpräsent bin! Jetzt, wo ich mich auf den Ruhestand vorbereite, kann ich schon die Wäsche sortieren und Sauerbraten machen.

Am Montag und am Donnerstag steh ich schon um 8 Uhr beim Norma an, um die Angebote auszunutzen und die Einkaufsliste abzuarbeiten, die mir die Marga notiert hat.

Und jeden Mittwochabend treffe ich mich heimlich mit meiner Selbsthilfegruppe für unterdrückte Ehemänner. Letzte Woche war da freier Ausdruckstanz zur Befreiung versteckter Aggressionen, im März gibt es dann das Seminar »angstfreies Nackt-Töpfern in der Toskana«.

Vor Kurzem hab ich mir das Buch gekauft: *Wie ich mich gegen meinen Ehepartner durchsetze!* – Ich habs ganz durchgelesen. Hat aber nichts genützt. Die Marga hats zuerst gelesen. Und jetzt möchte ich Ihnen, verehrter Jubilar, noch ein Gedicht vorlesen. Hab ich fei selber gmacht. Obacht bitte.

Heut morgen, als ich aufgewacht,
da schlug mein Herz vor Freude,
ich hatte gleich daran gedacht,
es ist Ihr Geburtstag heute.

Der Marga hab ich's auch gesagt,
dass ich heut nach München fahre.
Das Mittagessen wird vertagt,
weil **ich** das Kochen – mir heut spare.

Das muss die Marga selber machen,
mein Gott hat die mich angeblubbert,
denn ich, ich lass es heute krachen
beim siebzigsten vom Burda Hubert.

Siebzig Jahre frisch und froh,
die Konkurrenz kann da nur lallen.
Hubert mach nur weiter so,
das tut uns gut gefallen.

Ich les die Blätter für den Herrn,
den »Playboy« und den »Focus«,
die Marga hat die »Freundin« gern,
besonders die Sudokus.

Ich freu mich jetzt auf Ihre Sause,
da trink ich zwei Maß Bier plus x,
erst dann fahr ich mich selbst nach Hause,
und Marga erzähl ich davon nix.

Stoiber

Grüß Gott, meine Damen und Herren, liebe Landtagsabgeordnete, Landräte und Bürgermeister, und auch draußen an den Volksempfängern ... äh ... Radio und Fernsehen, liebe Frau Bundeskanzlerin, und nicht zuletzt lieber .... Dings ... Dingsbert Huber. Äh ... Hubert Huber ... – Hubert Burda.

Ich bin gekommen, um Sie zu begrüßen, weil ich weiß, dass Sie es begrüßen, wenn ich Sie begrüße. Sie sehnen sich doch auch alle nach der guten alten Zeit, und die gute alte Zeit, die war ja noch immer ... äh ... ich.

Heute ist ein Tag der Dankbarkeit, der Freude und der Gemeinsamkeit. Liebes Geburtstagskind, Ich hoffe, Sie erlauben, dass ich an diesem Ehrentag zum vertrauten »Du« übergehe.

Schauen Sie, uns trennt eigentlich fast eine Generation, und trotzdem sind Sie mir sehr verbunden. Ich kenne Sie schon von Kindesbeinen an. Also von **meinen** Kindesbeinen. Ich hatte nämlich einmal Kindesbeine. Zwei, um genau zu sein.

Und damals füllte schon gemütliches Knistern meine Kinderstube – denn ich hatte auch eine Kinderstube – als meine Mutter die Seiten der ... Dings ... Burda-Modenschau umblätterte.

Wer hätte gedacht, dass ich Ihnen einmal die bayerische Dienstverordnung, äh ... den ... den ... badischen Verdienstorden an die bayerische Brust heften darf? Und ebenfalls die Jakob-Fagger- ... nein, die Jakob-Fegger ... – nein, die Jakob-Fugger-Medaille!

Mein lieber ... äh ... Hubert, was uns verbindet, ist aber mehr als Ihre Brust.

Aber lassen Sie mich heute auch ... äh ... wenn ich schon da bin, auch einmal wenigstens kurz über mich sprechen. Ich war ja schon Ministerpräsident, da hatte der Titel noch einen Wert. Mittlerweile ist er nur noch zu einer vorübergehenden Zustandsbeschreibung geworden! Wenn ich morgens in Wolfratshausen um vier Uhr dreißig, also nach dem Aktenstudium, zum Semmeln holen gehe, dann sage ich zur Karin: Wenn der bayerische Ministerpräsident anruft, dann schreib bitte seinen Namen auf!

Es ist doch so: Niemand in Bayern ist derzeit bereit für diesen Horst Seehofer einen Braten ins Feuer ... äh ... die Hand ins Rohr zu legen. Und deshalb bin und bleibe **ich** die große Klammer ... äh ... die Schlange ... äh ... Schlinge, die sich um Bayern zuzieht, bis ich eines Tages wieder zurückkomme!

Und jetzt nach der Bundestagswahl blieb uns eben vom Ergebnis her nichts anderes übrig als eine Koalition. Und ja, auch ich habe damals gesagt: Dann machen wir halt eine Koalition. Aber doch nicht mit einer anderen Partei! Und jetzt sitzt da dieser versprengte Haufen von Freiberuflern am Kabinettstisch! Ja, wo samma denn?

Als ehemaliger Parteivorsitzender und heutiger Ehrenvorsitzender, als ehemaliger Ministerpräsident und heutiger Landesvater der Herzen, also wir Vier stehen gewissermaßen als Ehrenspielführer der CSU nicht mehr direkt auf dem Platz. Und das heißt natürlich auch, dass ich mich aus dem aktuellen politischen Geschäft weitestgehend heraushalte. Manchmal mehrere Stunden! Da sollen durchaus auch andere das Ruder übernehmen, während ich am Steuer sitze.

Ja, und bei meinen beiden Konkursverwaltern … äh … Nachfaltern … äh … -folgern, da rächt sich jetzt die … äh … eiserne Parabel … äh … wie heißt es so schön: Wer den Hals nicht vollkriegen kann, der einem bis ans Wasser reicht, der braucht sich nicht zu wundern, wenn nicht alles Gold ist …, was dann nicht weit vor dem Fall … äh … daherkommt, … äh … Schmarrn: Der Apfel fällt nicht weit vom Pferd, auf dem wir alle sitzen.

Ich möchte aber nicht weiter von mir reden, lieber Jubilant, sondern von sich. Also von Ihnen. Wissen Sie, was uns verbindet? Wir beide, die wir seit Jahrzehnten in der Öffentlichkeit stehen, die wir der deutschen Sprache und ihrem Wohlklang verpflichtet sind wie kein Zweiterer, die wir lange Jahre die Fäden großer Medien-Häuser in der Hand halten – Sie Ihren Verlag, ich den Bayerischen Rundfunk – wir beide, also Sie, du und wir Vier – wir sind seit Jahren schmählich übergangen worden bei der Verleihung der beiden wichtigsten deutschen Medienpreise. Ja, es ist skandalös, aber eine bittere Tatsache. Man hat uns beiden niemals eine Goldene Kamera und einen Bambi verliehen!

Diese Sauerei muss eine andere werden, meine Damen und Herren! Wir wissen, was wir zu tun haben, hab ich recht, Herr Hubert? In diesem Sinne bin ich guter Hoffnung und stoße auf … und stoße auf weitere schöne Stunden an, die wir miteinander verbringen! Prosit!

Und so wird man immer weitergereicht ... An diesem Abend war Thomas Gottschalk unter den Gästen, und der hat mich gebeten, an seinem 60. Geburtstag den Stoiber zu machen – in einem kleinen Lokal in New York, vor ganz wenigen, aber erlauchten Gästen. Er hat die Kosten übernommen, und dafür hätte ich sogar den Flug bezahlt! Musste ich dann aber doch nicht. Am folgenden Text hat Thomas Gottschalk mitgearbeitet und mir ein paar Pointen zugesteckt. Ich hoffe sehr, dass er dieses Buch niemals zu sehen bekommt, sonst habe ich vielleicht bald eine Rechnung von ihm im Briefkasten. Auch egal, das Geld habe ich locker wieder verdient, wenn ich eine Original-Thomas-Gottschalk-Rechnung bei Ebay versteigere. Jetzt aber kommen wir zu einem Tag der Dankbarkeit, der Freude und der Gemeinsamkeit: dem 18. Mai 2010, Ortszeit New York.

Zum 60. Geburtstag von Thomas Gottschalk

Stoiber
60 Jahre Thomas Gottschalk, das ist ein Tag der Dankbarkeit, der Freude und der Gemeinsamkeit.

Liebe Festgäste, es ist für mich eine besondere Auszeichnung, heute zu sprechen. Denn ich gebe es offen zu: mein Leben wurde von vielen beeinflusst: Natürlich von Ludwig Erhard, Dingsbums ... äh ... Marcuse, Schopenhauer, Biene Maja und Thomas Gottschalk.

Tatsächlich habe ich immer »Pop nach 8« gehört in meinen frühen politischen Jahren. Und die Tatsache,

BUSINESS CENTER
← RESTAURANT

dass ich unter Franz Josef Strauß gerne noch ein paar Überstunden in der Staatskanzlei gemacht hatte, habe ich nur Ihnen zu verdanken, lieber Thomas Gottschalk. Mit Ihrer Sendung »Pop nach 8« ging das Schreiben von Aktenvermerken einfach leichter von der Hand. Und nur deshalb wurde Franz Josef Strauß auf mich aufmerksam.

Leider hatte ich damals in meinem Büro ein uraltes Braun-Radio mit Röhren! Das bedeutet natürlich, Sie schalten den Radioempfänger ein und er muss erst mal vorglühen. Zehn Minuten! Dann kam nach langem Knistern der Gottschalk. Da musste ich natürlich rechtzeitig vorher an das Radio heranwachsen, weil das ja klar ist, damit ich nicht eine Sekunde verpasst habe.

Und natürlich habe ich damals quasi nebenbei von Ihnen viel über Pop-Geschichte gelernt: Ich kenne alle Hits von den Rolling Stones: *Let it be* und *Smoke on the water.* Und wurde auch ein Fan von A C Blitz D C oder wie diese Blaskapelle heißt. »Highway to hell« habe ich immer zu mir gesagt, als ich mit **meiner** Meinung zu Franz Josef Strauß ins Büro bin ... und mit **seiner** Meinung wieder herauskam.

Heute sind die Zeiten anders: Die Einschaltquoten von »Wetten dass« sind **höher** als die der CSU in Bayern. Wobei es bei der CSU in Bayern nicht an den Protagonisten liegt.

Schaun Sie, ich bin ja im Fernsehrat des ZDF und habe dort mehrfach beantragt, dass die Quote für »Wetten dass!« endlich angehoben wird, aber es ist eben der linken Übermacht im Fernsehrat zu verdanken, dass hier die Prioritäten in völlig unakzeptabler Weise ... äh ... wo war ich stecken geblieben? ...

Meine Damen und Herren, wenn ich mich hier im Festsaal so umsehe und die vielen politischen Würdenträger erblicke, allen voran Markus Schächter als Intendant vom ZDF ... Ich möchte mich bei Ihnen bedanken, lieber Herr Dings, Sie haben unserem bayerischen Urgestein aus Franken, diesem Gottschalk, im ZDF eine neue Heimat gegeben. Aber ich muss auch sagen: Ich sehe ja immer diese Carmen Nebel. Wir beide wissen: Das ist natürlich schon noch mal eine andere Klasse! Da muss der Gottschalk noch lange ... äh ... Kürzlich habe ich eingeschaltet und habe gedacht, dass der Reich-Ranicki deutsche Volkslieder singt, aber es war dann doch nur Roger Whittaker. So müsste man das mal machen. Wetten dass das funktioniert?

Äh, wo ich den Dr. Udo Reiter gerade sehe. Sie waren ja lange Jahre Programmdirektor im Bayerischen Rundfunk, als Thomas Gottschalk dort seine beste Zeit hatte.

Sie haben den Gottschalk machen lassen. Wie oft hatten Sie dann Ärger mit dem Rundfunkrat wegen diesem Gottschalk. Ich bedauere, dass Sie nicht mehr in Bayern sind, sondern im MDR. Wenn Sie in Bayern geblieben wären, dann wäre der Gottschalk nie zum ZDF abgedriftet. Leider ist es jedoch aber auch so, dass unser Jubilar jetzt auch nicht mehr zum MDR gehen kann, sonst müsste er dort vermutlich Volksmusik ansagen.

Und dann auch andere Anzüge tragen. Nicht wahr, lieber Günther Jauch: Wenn sich der Gottschalk mal so anziehen würde wie Sie, Herr Jauch, und ich, dann wäre er seriöser. Wenn dann noch die Haarfrisur passt, dann hätte er bestimmt auch das Zeug zum Vorstand einer großen Versicherung gehabt. Oder zum Generalsekretär bei der CSU! Aber so …

Apropos Herr Jauch. Man merkt Ihnen ja an, dass Sie beim Gottschalk gelernt haben. Gut … äh … ich sehe ja immer Ihre Sendung. Ich weiß ja alles. Ich schaue alle Quizsendungen an von »Wer wird Millionär?« bis zur »Sendung mit der Maus«. Und ich kann Ihnen berichten, ich komme bei Ihnen, Herr Jauch, immer auf 750 000 Euro. Glauben Sie mir, wenn ich all das Geld gewonnen hätte, dann hätte ich damit schon einige Staatshaushalte sanieren können. Von Bayern bis Berlin.

Was halten Sie davon, lieber Herr Wowereit? Sie sind ja im Grunde genommen ein netter Mann, ich würde Ihnen gerne beim Sanieren helfen. Aber: hörns doch endlich auf mit Berlin! **München** ist das Zentrum der Welt! Ich möchte sogar so weit gehen zu sagen: Berlin ist arm und sexy und München ist reich und sexy. Gut, aber mit den Frauentürmen können Sie eh nix anfangen.

Apropos: Ich freue mich außerordentlich, unseren Vizekanzler, Herrn Westerwelle, hier zu sehen. Ich habe ja nie geglaubt, dass ich Sie eines Tages als Blutsbruder im Geiste bezeichnen würde, aber jetzt haben Sie endlich auch mal gesehen, lieber Guido Westerwelle, was die Merkel für eine ist … äh … zu was die imstande ist! Wenn ich noch in der Politik wäre, dann würden wir uns im Sinne der Vernunft längst verbündet haben, wir beiden blonden Männer mit Brille! Wir Einser-Juristen! Wir beide, wir hätten das Feld schon aufgerollt. Ich muss jedenfalls heute Abend gestehen: Du hast in allem recht, nur dass ich mir an dieser

Merkel, an dieser zwangsfrisierten Frustlätschn, schon meine Zähne ausgebissen habe. Du musst jetzt endlich zurückbeißen, lieber Parteifreund Guido! Meinen Segen hast Du! Denn ich kann das ja nicht mehr selbst machen.

Schaun Sie, in der Politik ist es oft wie beim Fußball. Nach dem Spiel ist vor dem Spiel. Und weil der Günter Netzer heute hier ist: Ich finde Sie ja o. k., aber die Tatsache, dass Sie nie beim FC Bayern München gespielt haben, bedeutet natürlich, dass Ihnen zeitlebens das größte Glück verwehrt war.

Ha, zusammen mit dem Delling sind Sie ja so, wie der Jauch und der Gottschalk früher bei der Funkmesse. Aber in dem Fall sind Sie halt immer … nur der Jauch.

Und wo wir gerade bei Überfliegern sind, lieber Joachim Hunold, als Vorsitzender von Air Berlin: Ich gestehe ganz offen, egal ob ich nach Brüssel oder sonstwo muss. Ich fliege immer Air Berlin, und es gibt mir jedesmal einen Stich: Air München, das wäre es doch gewesen. Zwei positiv besetzte Namen in einer Firma, verstehen Sie? Die Lufthansa verdient eine solche Konkurrenz. Wenn **ich** den Namen gemacht hätte, Herr Hunold, ich hätte Ihre Firma Luft-Zerstoiber genannt. Luft-Zerstoiber! Der weiße Blitz am Firmament!

Und den Werbefilm hätten wir dann den Wolfgang Petersen machen lassen. Ich habe »konsequent« alle Filme von Ihnen gesehen, angefangen von was weiß denn ich … äh … *Ben Hur* … äh … Schmarrn *Das Brot* und den Tatort *Reifezeugnis* mit der Kinski. Ja sogar *Troja* hab ich mir angesehen.

Und das brachte mich auf die Idee: Es wird Zeit, auch meine Memoiren in einer Trilogie zu verfilmen. Ich verkaufe Ihnen exklusiv hier und heute das Buch: *Edmund der Erste, Vertreibung aus dem Paradies*! Rufen Sie mich an!

Zum … äh … Schluss … äh … einen, über den man auch einen Film schreiben oder ein Buch filmen sollte. Gunter Sachs. Sie, lieber Sachs, sind als gebürtiger Bayer natürlich die Vorzeige-Gangschaltung unseres Freistaats. Denn wo andere die Bremsen längst angezogen haben, haben Sie in Ihrem Leben immer nochmal raufgeschaltet! Sie und mich verbindet, dass wir beide jeweils eine blonde Frau abbekommen haben, Sie sogar zwei: die Brigitte Bardot und Ihre liebe Frau Mirja. Und ich meine … äh … Karin. Wir sind quasi Brüder im Geiste, wir haben das gleiche Frauenbild, nur ich konnte aufgrund meiner politischen Karriere eben nicht so ein Wechselwähler sein wie Sie. Ich musste mich auf eine Frau festlegen.

Natürlich kenne auch ich die Situation der bedingungslosen Beliebtheit, aber mittlerweile sind bei mir die Zeiten vorbei, wo die Mädels in der ersten Reihe umgefallen sind, so wie heute vielleicht bei Tokio Pension … äh … Hotel Kioto. Auch ich habe früher gerne eine nette Polin aufs Jackett … äh Sohle … aufs Parkett.

Aber … äh … jetzt bin ich ganz weggekommen von der Laudatio. Und bevor ich jetzt auch anfange zu überziehen, sage ich einfach: Alles Gute zum Geburtstag, lieber Thomas Gottschalk!

3. Dezember 2011: Thomas Gottschalk moderiert seine letzte »Wetten dass«-Sendung. Zwei Monate später tritt Christian Wulff als Bundespräsident zurück. Für beide mussten Nachfolger gefunden werden. Natürlich ein Thema in der Landtagskantine …

Landtagskantine: Gottschalk

Seehofer: Na, Edmund, wie geht es dir denn mit deinem neuen Handy? Klingelt's denn recht oft?

Stoiber: Ja natürlich! Beziehungsweise nein, überhaupt nicht!

Beckstein: Horst, sollmer ihm net langsam sachn, dass des kein Handy ist, sondern ein Taschenrechner?

Seehofer: Nein, nein, Günther, so haben wir alle was davon.

Stoiber: Aber ich rechne quasi wöchentlich mit einem Anruf. Der Nachfolger für den Herrn Wolf ist ja gefunden, sie haben sich für diesen Gack oder Guck entschieden. Aber jetzt wird ja schon wieder ein Nachfolger gesucht – für den Gotthilf Fischer!

Beckstein: Ach so? Das habbi ja gar net gwustt …

Stoiber: Nein … nicht Gotthilf… Gott**schalk**! Genau! Für den Thomas Gottfischer!

Seehofer: Das glaub ich nicht. Der tritt genauso spät zurück wie der Wulff.

Stoiber: Doch, doch! Der hat doch durch diese Sendung geführt, wo immer vier Schweizer … mit einer Dampfwalze … unter Wasser … alle Papstnamen aufgezählt haben!

Beckstein: Allmächt! Der maant »Wetten dass«!

Seehofer: Edmund, da habe ich eine fürchterliche Nachricht für dich: Die haben da **auch** schon einen Nachfolger. Den Markus Lanz!

Stoiber: Ausgeschlossen! Da hätten die mich doch sofort angerufen!

Beckstein: Ham's ja vielleicht versucht. Vielleicht hast gar nicht g'merkt, wie dein Taschenrechner geblinkt hat …

Stoiber: Das ist … in der Tat … ein harter Schlag in die Sickergrube! In die Magenfalte! Aber ich bin ja schließlich keiner, der … bei Wind von vorn … gleich die Flinte … mit dem blinden Huhn … an den Haken hängt. Dann warte ich eben auf eine **neue** Chance! Und da soll ja demnächst schon **wieder** ein Nachfolger gesucht werden. Für dieses … heitere Beruferaten!

Seehofer: Edmund – den Job hab schon ich. Bei der nächsten Wahl. Da frag ich die Bayern: »Welches Schweinderl hätten S' denn gern?«

Man erinnere sich: Ich wurde immer als Stoiber gebucht und belacht. Dann kam der Tag, als Stoiber nicht mehr Ministerpräsident war, sondern Günther Beckstein. Und jetzt? Ich war mir sicher, dass ich Beckstein genauso doubeln kann wie Stoiber – aber es war harte Arbeit. Stundenlang habe ich mir im Auto Beckstein-Aufnahmen angehört. Das Fränkische, wenn auch Mittelfränkische, war kein Problem, aber das Kurzatmige, Gepresste, mit den abrupten Lach-Böllern! Und eines Tages war mir klar: Ich hab ihn! Jetzt noch rasch ein Foto von Beckstein ausgedruckt, dann in Kaufbeuren denselben Anzug gekauft (aus Polyester, damit man ihn waschen kann), dann eine langweilige Krawatte umgeschnallt – und ich hatte ihn, **meinen** *Beckstein!*

Nach wenigen Monaten musste man sich in Bayern erneut umgewöhnen, da war es schon wieder vorbei mit dem »lustigen Franken mit der kurzen Karriere«. In meinen Programmen wird er weiter auftauchen. Denn er hat einen großen Platz in meinem Herzen und in meinem Kopf.

Hier ein kleiner Monolog aus dem Programm »Ja mia kennan«, das auf einem Schiff spielt (die CSU auf Wahlfang …) – zu einer Zeit, als Beckstein politisch schon keine Rolle mehr spielt. Aber er hat sich als Heizer in den Mannschaftsraum geschmuggelt. Glücklicherweise …

Beckstein: Heizer und Hausmann

Ja, hallo zusammen, ich bin's, der lustige Franke mit der kurzen Karriere. Einladen tun mich heutzutage ja nur noch die wenigsten. Den Münchnern bin ich zu fränkisch, den Katholiken zu protestantisch und den Protestanten zu bayrisch. Da bleibt wenig übrig. Drum muss ich immer a weng schaun, wo i bleib!

Da, dieses Kostüm, des hat mir die Marga besorgt. Für den Fasching in Veitshöchheim. Ich wollt gehen als Lukas der Lokomotivführer. Kurz danach ham sie mir dann gezeigt: Ich bin bestenfalls der Jim Knopf. Und in Wahrheit der Halbdrache Nepomuk.

Aber an das Kostüm hab ich mich erinnert, wo ich das von der CSU-Kreuzfahrt glesn hab. Günther, horch amoll her, sag ich zu mir, aber ich konnt net recht aufpassn, weil mir grad die Marga meine Einkaufsliste für den Denglmann gegeben hat. Aber dann hab ich doch herghorcht und hab ghört, wie ich gsagt hab: Günther, hab ich zu mir gsagt, da fährst mit! Als Mannschaftsmitglied hast du keine Schaase, denn immerhin dreht oben der Käpt'n Stoibär am Rad. Aber unten, im Maschinenraum, als Heizer, da bist richtig! Ich hab dann viel zu spät gemerkt: Da gibt's gar keine Heizer! Die haben keine Kohlen. Das ist irgendwie so ein Elektroschiff. Da hätt ich ein ganz anderes Kostüm gebraucht, da hätt ich kommen sollen als … Duracell-Hase. Aber so …

Naja, da ist meine schöne Verkleidung aufgeflogen. Da hab ich halt den Fahrpreis abarbeiten müssen. Beim Madd. Kennen Sie den Madd? Mir in Franken sagen Madd … Wie, was meinen Sie? … Maaaat? Na gut,

dann halt eben Maaat. Also der Madd sacht zu mir: Beckstein, sacht er – eigentlich eine Unverschämtheit! Beckstein sag ja nicht einmal **ich** zu mir, immerhin war ich für ein paar Stunden Minsterpräsent! Beckstein, sacht er, Deck schrubben! Nach ein paar Stunden kommt er wieder, der Madd. Und, fragt er, warum ist das Deck nicht geschrubbt? … Ich hab gesagt: Ich hab ka Wasser. Er deutet aufs Meer und sacht: Und? Was ist **das**? … Und ich sach wahrheitsgemäß: Ich hab geglaubt, des brauchmer für die Rückfahrt!

Hat er gschimpft. Macht die Marga nie. Denn daheim bin ich ein guter Allesreiniger. Am liebsten tu ich die Platte putzen. Vom Esstisch. Nur einmal, da hats auch geschimpft, die Marga. Da sollt ich das Bad putzen. Ich nix wie hin mit meim Aaamerla. … Was lachen Sie denn da so desorientiert? Aaamerla, das ist ein kleiner Aaamer. Ein Eimer! Ein Eimerlein! Is scho schwer, wenn die Leut kein Deutsch sprechen …

Ich nehm mir also mei Aaamerla und renn gschwind wie ein Wiesel zum Bad. Leider, leider, a wengerla zuuu schnell. Bin ich prompt kurz vor der Badezimmertür geblitzt worden. Marga, sach ich, des tut mir jetzt leid, jetzt kann ich nimmer putzen. Denn leider is jetzt der Lappen weg …

Ich geh widder. Mir hams gsacht, ich soll des Seemansgarn entwirren, weil sie die Knoten für die Beschleunigung brauchen. Dankschee awall, vergelts Gott, serwasla!

Lesen Sie Bücher so wie ich? In kleinen Häppchen, und häufig auch in kleinen Räumen? Dann erinnern Sie sich bestimmt nicht mehr daran, wie ich zum Fernsehen gekommen bin. Aber nur weil Sie das wieder vergessen haben, werde ich es nicht wiederholen, bitte blättern Sie einfach zurück. Meine Premiere war also im Januar 2004 in der Sendung »Schwaben weißblau«. Der Redakteur Christian Faust empfahl mich an einen BR-Kollegen weiter – entweder weil er mich gut fand oder weil er den Kollegen nicht leiden konnte. Und so war ich wenige Monate später Gast in »Grünwalds Freitagscomedy« unter der Redaktion und Regie von Helmut Milz.
Damit nicht genug: Im selben Jahr sah man mich auch noch in der Sendung »Wiesn live« – da fiel ich Wolfgang Mezger auf, dem Redaktionsleiter von »quer«. Er bat mich in die Redaktion, wo ich kurz den Stoiber gab. Moderator Christoph Süß empfing mich herzlich, und Redakteur Till Nassif machte mir ein großes Kompliment, indem er meine Stoiber-Imitation »beängstigend« fand. Und prompt fand ich mich kurze Zeit später in der Sendung »quer« wieder, erst als Stoiber, dann als die anderen zwei …

Die Auftritte wurden immer mehr, und es war unausweichlich, dass ich mich entscheiden musste: entweder weiter Werbezeitenverkäufer sein für RTL 2 – oder mein Geld als Kabarettist und Imitator verdienen. Seit Januar 2008 bin ich selbstständig, schaue anders aus, trage kaum noch Boss-Anzüge und spreche nicht mehr mit den Chefs von Procter & Gamble oder BMW, sondern mit Politikern, Zuschauern, Veranstaltern und den Schorsch Scheberls dieser Welt.

Eine Menge Figuren sind dazugekommen, bekannte und unbekannte, alles Bayern – mit einer entscheidenden Ausnahme. Aber auch sie hat einen Platz in meinem Kopf, wenn auch nur einen ganz kleinen. Ein winziger Raum hinten links, gleich neben Angst-Fantasien und den Ersatz-Konsonanten. Unsere Kanzlerin. Sie wird es vermutlich noch sein, wenn Sie jetzt diese Zeilen lesen. Ob Sie sich darüber freuen, entscheiden Sie. Hauptsache, Sie freuen sich über **meine** *Kanzlerin – die ich anlässlich eines Auftritts in der Heimat Günther Becksteins folgendermaßen sprechen ließ:*

Merkel: Grußwort der Kanzlerin

Guten Abend! Man hat mir geraten, zu Beginn etwas Bayerisches zu sagen: Ein herzliches Pfü-ati, liebe bajuwarischen Landsleute. Ich begrüße Sie hier im Herzen Mittelfrankens – und Mittelfranken ist ja bekanntlich die Uckermark Bayerns!

Ich sag es Ihnen frei heraus: Ich tue mir mit Veranstaltungen wie diesen immer ein bisschen schwer. Ich bin ja nun nicht so eine humoristische Kapazität wie dieser ... Florian Silbereisen oder der Edmund Stoiber!

Wie Sie wissen, komme ich aus der Physik. Das sieht man auch schon an meiner Physiknomie. Das hat aber auch Vorteile, durchaus auch im Alltag. Gestern Abend komme ich nach Hause und sehe, wie mein Mann auf einer Leiter steht, mit einem Hammer in der Hand und einem Nagel. Aber er hält den Nagel mit dem Kopf zur Wand und ist verzweifelt. Ich sage: »Johannes, denk in Ruhe nach, das ist ein physikalisches Problem!« Dann nickt er und sagt: »Jetzt weiß ich es: Das ist ein Nagel für die gegenüberliegende Wand!«

Die meiste Heiterkeit erziele ich immer mit meiner Garderobe ... Ich weiß schon, dass die Leute immer fragen: Was macht Angela Merkel mit ihren alten Klamotten? Antwort: anziehen. Ich lache dann auch. Wenn die Menschen wüssten, wie nahe sie an der Wahrheit sind ...

Ich bestelle mir ja meine Textilien aus dem Katalog. Ich mache mir kleine Notizen, und am Schluss stelle ich dann immer fest: Wieder alles in der Abteilung für Gefängniskleidung. Ich bestelle dann immer die üblichen fünf Hosenanzüge in Escorialgrün und Leberwurstgrau.

Demnächst muss ich eine wichtige Rede halten: beim Interessenverband für Verbandsinteressen der Interessenverbandsfrauen IFVIVV! Wie soll ich da anfangen? Am liebsten würde ich ja jede Rede mit einem Spruch beginnen, den meine Großmutter immer vor Weihnachten gesagt hat: »Ihr werdet alle sehr enttäuscht sein!« Aber das geht natürlich nicht. Also werde ich mich wieder hinstellen und mein berühmtes Lächeln aufsetzen, das ich mir von Buster Keaton abgeschaut habe. Und dann werde ich es einmal anders machen und mit einem Witz beginnen. Ich gebe zu: einem Physiker-Witz. Aber der ist damals in den Seminarpausen immer dufte angekommen. Der geht so: »Kommt ein Neutron zu einem Restaurant. Sagt der Kellner: Tut mir leid – heute nur für geladene Gäste.«

Köstlich, oder? Den haben natürlich nur die Physiker unter Ihnen verstanden, und die lachen leider wenig.

Manchmal träume ich vom großen Show-Bisseniss oder dass wenigstens mein Roman verfilmt wird. Ich habe ja einen Roman geschrieben, damals, 1978. Meine Doktorarbeit. Mit dem knappen, prägnanten Titel *Der Einfluss der räumlichen Korrelation auf die Reaktionsgeschwindigkeit bei bimolekularen Elementarreaktionen in dichten Medien*!

Dann habe ich gemerkt: Der **ist** schon verfilmt. Unter dem Titel *Frauentausch*.

Wissen Sie, Politik muss viel populärer werden, näher an den Leuten, ganz dicht dran am Volk, notfalls sogar dahinter. Und da habe ich bei meinem Kabinett doch so meine Zweifel. Ich habe meinen Fifi zu mir geholt – so sage ich immer zu Steffen Seibert – und habe gesagt: »Fifi, ich glaube, meine Politiker haben keine Ahnung von den simpelsten Vorgängen und Abläufen!«

»Da könnten Sie recht haben!«, sagt mein Fifi, und stellt mir eine simple Frage: Wie viel ist zwei mal zwei? Ich lehne mich siegessicher zurück. Kein Problem für eine Physikerin! Zwei mal zwei, das ist ungefähr 3,99999, also sagen wir rund vier!

Und was sagt da mein Fifi? Sehr gut, sagt er, und diese Frage stelle ich jetzt einigen Regierungsmitgliedern.

Er kommt nach ein paar Stunden zurück. Zuerst war er beim Schäuble. Herr Schäuble, wie viel ist zwei mal zwei? Schäuble lässt die Türen verriegeln und die Vorhänge zuziehen, und dann sagt er: Welche Antwort wollen Sie hören?

Frau von der Leyen sagt, das Ergebnis wisse sie nicht, aber es sei gut, dass wir darüber geredet haben. Justizministerin Frau Leutheusser-Schnarrenberger sagt, das Ergebnis ist vier, aber sie weiß nicht, ob wir beim Bundesverfassungsgericht damit durchkommen. Thomas de Maizière weiß das Ergebnis nicht, erklärt aber das Problem für lösbar. Philipp Rösler bittet mich, die Frage präziser zu formulieren, und Joachim Gauck sagt, er versteht die Frage nicht.

Am lustigsten war Dirk Niebel. »Zwei mal zwei? Keine Ahnung. Wegen Mathematik bin ich in der Schule sitzen geblieben. Die siebte Klasse waren die zwei schönsten Jahre meines Lebens!«

Wissen Sie: Die Politiker in meinem Kabinett haben einen Job wie im Paradies. Sie können jeden Tag rausgeschmissen werden …

Wie das wirklich damals war mit dem Frühstück von Merkel und Stoiber in Wolfratshausen – ich weiß es nicht. Ob sich die beiden mögen, respektieren, für unfähig erklären – ich weiß es ebenfalls nicht. In Stoibers Memoiren findet sich dazu nichts Erhellendes, was wohl auch kaum jemand erwartet hatte. Immerhin war allein die Tatsache, dass Edmund Stoiber ein Erinnerungsbuch erst schreibt und dann veröffentlicht, allemal ein schönes Gesprächsthema in der Landtagskantine.

Landtagskantine: Stoibers Memoiren

Seehofer: Mahlzeit Männer! Edmund, ich habe gelesen, dass du gerade deine Memoiren schreibst?

Stoiber: Wirklich? Das ist aber schön! Das Buch werde ich mir auf alle Fälle kaufen. Vielleicht komm' ich ja drin vor!

Seehofer: Edmund, du verstehst mich falsch: Ich habe gelesen, dass du dabei bist, deine Memoiren zu schreiben!

Stoiber: Mein lieber Seefahrer, du weißt nicht, was du redest! Wie kannst du etwas lesen, was noch gar nicht geschrieben ist?

Seehofer: Das wird immer schlimmer mit dem … Ich habe gelesen, dass du dabei bist, ein Buch über dein Leben zu schreiben!

Stoiber: Ach so! Ja, das ist eine gute Idee! Da kann ich mich ja so oft da hineinschreiben, wie ich will!

Beckstein: Ja, aber sei fei aweng gnäädich mit uns. Nix für ungut!

Stoiber: Ach, du meinst, wie ihr mich damals in Kreuth … also quasi … im hohen Bogen … mitsamt dem Stuhl vor die Tür gesetzt habt …

Beckstein: Au weherla naa … Des wor doch net so gmaaant, Edmund!

Seehofer: Ruhig, Günther, wenn der Edmund ein Buch schreiben will, dann soll er das ruhig tun. Gell, Edmund?

Stoiber: Ganz genau! Noch dazu mit mir in der Hauptrolle! Da kann ich ja meinem Lauf freie Fantasie lassen! Da mach ich mich zum Old Hattershand! Oder zu diesem Dings, diesem Harry Butter! Bohrer! Potter! Zum Henry Potter! Das ist ja auch so ein Zauberdings wie ich! Und dann kann ich das endlich einmal literarisch aufarbeiten … klarstellen, wie das gemeint war mit dem Münchner Hauptbahnhof! Und den zehn Minuten!

Beckstein: Au weherla naa … Hoffentlich wird des ka Erfolch …

Seehofer: Ich fürcht schon. So wie das klingt, steht das Buch dann nicht bei den langweiligen Politik-Büchern, sondern direkt neben »Shades of Grey« in der Sado-Maso-Abteilung …

Beckstein: Au weherla naa …

Das Thema war so ergiebig, dass sogar ***zwei*** *Folgen herausspraangen! Das schaffen sonst nur der Berliner Flughafen und Uli Hoeneß. Hier das Ganze noch einmal!*

Landtagskantine: Stoibers Memoiren 2

Beckstein: Endspurt, Freunde! Bald is vorbei mit der Wiesn, da müssmer uns scho noch a wengala beeiln, damit mer noch an Dropfn derwischn!

Seehofer: Günther, da sprichst du ein großes Wort ausgelassen aus! Ich werde alle Termine absagen und zwei Tische reservieren lassen. Einen, für den Fall, dass ich hingehe. Und einen für den Fall, dass ich **nicht** hingehe! Bereit sein ist alles, hähähähä!

Stoiber: Äh … Ich bitte da quasi … äh … um Störung für die … äh … Entschuldigung. Aber ist diese … Oktoberwiese wirklich das, was euch im Moment am meisten beschuftigt? Behindert? Belästigt wollte ich sagen! Und was sagt ihr zu meinem Buch?

Seehofer: Tut mir leid, Edmund, du bekommst es nächste Woche wieder, versprochen! … Welches wars denn gleich wieder …?

Stoiber: Also das schlägt ja dem Fass die Krone aus dem Gebiss! Ich spreche von **meinem** Buch! Die Memoiren des Stebmund Euter! Des Ministerherzen aller Präsidenten! Und ihr wollt damit sagen, dass ihr es nicht gelesen habt? Schämt euch! Asche in eure Urne!

Beckstein: Reech dich amoll net so auf, Edmund, mir lesn des scho noch! Is halt immer so vill annersch Zeuch aufm Nachtkästla!

Stoiber: Jaja, das kann ich mir schon denken, was da liegt! Dabei könnt ihr froh sein, dass ich so freundlich mit euch umgegangen bin. Vor allem mit dir, mein lieber Seehechter! Und vom Backstein ganz zu schweigen, der mir ja immerhin damals den Dolch des Damokles … äh … also quasi **mit** dem Satz des Pythagoras … direkt **in** das Ei des Kolumbus … gegeben hat!

Beckstein: Hähä! Jaja, des wor scho a weng orch …

Seehofer: Edmund, wir versprechen: Es wird von deinem Buch ganz bald eine erste Lesung geben. Wie ist es denn geworden?

Stoiber: Ja, das weiß ich nicht!

Seehofer: Das **weißt** du nicht?

Stoiber: Nein. Ich habe natürlich gewissermaßen nur diktiert, und der Herr Dings hat das dann in den Drucker gedruckt. Und jetzt bin ich natürlich sehr gespannt, wie es ausgeht. Und ob sie sich am Ende kriegen …

Seehofer: Ob sie sich kriegen, kann ich dir nicht sagen. Ich weiß nur: **einen** hat es gewaltig erwischt!

Zwei »Erweckungserlebnisse« in meinem Leben habe ich am Anfang des Buches angeteasert. Sie erinnern sich? Als Sie das gelesen haben, waren Sie gerade im kleinsten Raum Ihrer Wohnung.

Das eine Erlebnis war meine Erfahrung als Franz Josef Strauß während Schillers Bürgschaft. *Das andere fand etliche Jahre davor statt und hat dafür gesorgt, dass ich heute keine Briefe in Kaufbeuren austrage.*

Wie Sie wissen, wurde ich zum Postschaffner ausgebildet. In der Vorweihnachtszeit ist bei der Post alles anders, da werden viele Postler zu den großen Knotenpunkten abberufen, um den sogenannten »Weihnachtsverkehr« zu bewältigen. Ich wurde nach Augsburg geschickt.

Damals war das Postamt direkt am Hauptbahnhof, und es hatte zwei Keller. Im zweiten Keller war ich. Von oben wurden auf einer Edelstahlschnecke Postsäcke nach unten geschickt, die ich dann auf die entsprechenden Wägen zur weiteren Beförderung sortieren musste – ein Hilfsarbeiterjob, aber besser als Postaustragen!

Drei Wochen dauerte dieser Einsatz, und nach einiger Zeit freundete ich mich mit einem jungen Rumänen an. Er war in seiner Heimat Bauingenieur, verfluchte Ceauşescu und verdiente sich bei mir im zweiten Keller das Geld für sein weiterführendes Studium in Augsburg. Nach einiger Zeit redete mein Kollege, dessen Namen ich leider nicht mehr weiß, mit steigender Intensität auf mich ein: Ich sei hier verkehrt, ich solle mich weiterbilden, ich hätte mehr im Kopf, als man für Arbeiten wie diese braucht, ich solle mein Leben nicht auf Sicherheit allein aufbauen.

Am Ende der drei Wochen, kurz vor Weihnachten, hatte er mich soweit. Ich war entschlossen, wieder zur Schule zu gehen und den pensionsberechtigenden Beamtenjob bei der Post an den Nagel zu hängen. Zu Hause wurde ich für verrückt erklärt, aber ich war mir meiner Sache sicher! Am letzten Tag nahm mir mein rumänischer Karriere-Coach das Versprechen ab, bei meinem Vorhaben zu bleiben, und gerade, als ich mich bei ihm bedanken wollte, war er im blauen Licht des zweiten Kellers hinter den nebelverhangenen Transportfahrzeugen verschwunden – wie ein Gespenst. Sicherheitshalber fragte ich meine Kollegen, ob sie ihn auch gesehen hatten. Ja, hatten sie. Ich hatte mir diesen Ratgeber also nicht eingebildet.

Ich ging danach wieder zur Schule und hatte bessere Noten als zuvor – weil ich gute Lehrer hatte, und weil ich motiviert war. Ich wollte es schaffen, und ich schaffte es!

Wissen wir, was aus Edmund Stoiber geworden wäre, wenn er auch diesen rumänischen Bauingenieur getroffen hätte? Vielleicht stand diese Überlegung hinter der folgenden Szene, in der sich **meine** *Stoiber-Version an seine Jugend erinnert …*

Stoiber: Der Dichter

Schauen Sie, meine Zeit als bayerischer Ministerpräsident liegt ja nun schon einige Tage hinter mir. Einigen ist es noch gar nicht aufgefallen, dass da jetzt andere in der Staatskanzlei regieren …

Aber diese relativ kurze Zeitdauer hat gereicht, dass die Kontakte zu führenden Staatsoberhäuptern … geringer geworden sind. Früher ist ja kein Tag vergangen, ohne dass ich mindestens fast **ein** Mal mit einem Präsidenten telefoniert habe. Oder mit einem Minister. Zum Beispiel mit dem Dings. Oder den anderen beiden. Die haben ja ziemlich oft gewechselt, da ist man kaum nachgekommen. Ich hab dann oft zu meiner Sekretärin gesagt: Frau Dings, hab ich gesagt … halt, nein, das war ja schon ihre Nachfolgerin! Also Frau … Dings, hab ich gesagt … ich geh jetzt kurz zum Essen … wenn der Verteidigungsminister anruft, notieren Sie bitte seinen Namen!

Heute ist das anders. Da ist die Frau Dings nicht mehr meine Sekretärin. Und der Verteidigungsminister nicht mehr der Dings.

Bedauerlicherweise ist zu einigen meiner früheren Kollegen der Kontakt völlig abgerissen. Ich hab zum Beispiel schon eine Ewigkeit nicht mehr telefoniert mit dem Schah von Persien. Nichts. Als wäre er vom Erdboden verschluckt! Vom Kaiser von China ganz zu schweigen!

Ab und zu bekomme ich noch Besuch von eher marginalen Figuren. Meistens zum Frühstück. Letzte Woche war es der Entwicklungshilfeminister von San Marino. Gestern war es der Gleichstellungsbeauftragte vom Vatikan. Und nächste Woche kommt immerhin der Außenminister der Vereinigten Staaten … von Lummerland und Neu-Lummerland.

Glücklicherweise ist ja mein Kontakt zu meinen bayerischen Landestöchtern und -söhnen nie abgerissen. Besonders schätze ich ja die geistig Armen, denn sie sind wie ich. Unsere Köpfe sind aus demselben Holz geschnitzt. Vor Kurzem war erst wieder einer da. Da drückt jemand den Knopf am Vorbau meiner Frau. Also er klingelt bei uns am Eingang und meine Frau macht auf und da sagt er: »Sie haben mich gerufen, damit ich mich um Ihre Maschine kümmere!«

Ich habe ein, zwei Stunden überlegt, wen oder was er damit wohl meint – und plötzlich steht er vor mir und sucht das Gespräch mit mir. Er, der einfache Installateur, sucht das Gespräch mit mir, dem weltmännischen, mit allen Wassern getauften Staatsmann! Und es hat sich wieder einmal gezeigt, dass man niemanden nach seinem Aussehen beurteilen soll, denn er eröffnet das kleine Privatissimum mit der Bitte: »Ich würde gerne mit Ihnen über Ihre Dichtung sprechen!«

Und da fiel es mir wie Augen von meinen Schuppen! Wie konnte dieser schlichte einfache Maschinenmann von meiner heimlichen Leidenschaft wissen?

Denn auch ich war einmal ein lockerer Jüngling mit Haar! Und hatte damals so einige Köpfe im Flaus! Goethe war mein großes Vorbild! Der große Fichterdürst! Er war ja eigentlich Politiker, er war Minister in Weimar, er hat aber nebenbei auch noch geistig gearbeitet!

Seine Werke habe ich damals alle gelesen. Den Dings, den … äh … *Götz von Barnhelm mit der eisernen Faust*, und … letzten Endes dann auch … den *Meister*

Wilhelm mit seinem Pumuckl und natürlich auch seine Gedichte. Wie den berühmten *König Erl*! »Wer windet so spät durch Nacht und Ritt – es ist der Billy mit seinem Kid!« – Erstklassig! Und ich habe damals auch schon erste kleine Gedichte zu Papier gebracht … An eines erinnere ich mich besonders gern, warten Sie … **wie** war das …

»Es sprach das Schaf zum Hirten:
Du darfst nicht mit mir flirten!
Da sprach der Hirt zum Schaf:
Ich bin dein Hirt. Ich daaf!«

Gut, ich gebe zu, das war noch ein bisschen unrund, aber damals war ich noch jung, da war ich noch Generalsekretär.

Aber dann! Dann habe ich herausgefunden, dass es ja noch einen anderen Goethe gegeben hat. Einen gewissen Schiller! Kennen Sie den? Sie … der Mann hat Sachen geschrieben, die verstehen Sie heute noch! Eigentlich eine Schande, dass der völlig in Vergessenheit geraten ist.

Friedrich Schiller … wurde geboren … von 1759 bis 1805. Zu seinen Hauptwerken gehört die heitere Komödie *Kabarett und Liebe* sowie die Lebensgeschichte der Schützenliesl. Nein, nicht, da hat ein anderer geschossen – genau: Wilhelm Tell! Der berühmte österreichische Freiheitskämpfer mit der Armbrust! Stellen Sie sich vor, seine Waffe war eine Armbrust! Ein Alptraum für jede Frau! Und damit ist er auf die Jagd gegangen, hauptsächlich nach Äpfeln. Die er dann von irgendwelchen Birnen geschossen hat. Also sagenhaft.

Aber damit ist das Werk von diesem Schiller noch nicht beendet! Als er zum Beispiel *Maria Stuart* hinter

sich gelassen hatte, stürzte er sich mit Feuereifer auf die *Jungfrau von Orleans*! Das nenn ich Ausdauer!

Durch die kleine Frage des wackeren Klempnermeisters ist der Schiller in mir erneut erwacht ... um es mit der Sprache des Drückers auszudichten. Und ich habe mich in meiner kleinen privaten Staatskanzlei hingesetzt und jenes Werk verfasst, das ich nun die Ehre habe, Ihnen vortragen zu sollen.

Mehdorns Flughafen.
Von Edmund Stoiber.

Es nebeln die ... äh ... Schwadern ...
durch den windigen Eis der Ewigkeit.
Und meine Spannung seelt sich,
wie eine glodernde Lut.
Flügelt wipfelnd durch der Wälder
Blätter.
Es eichen die Ranken,
und schranken die Weichen.
Wer jetzt keinen Bau hat, der haust nicht
mehr.
Wer jetzt kein Weib hat, der wird auch
letzten Endes gewissermaßen keines
mehr finden, vermutlich.
Schau! Die Vöglein im Walde! Sieh nur,
wie sie singen! Sie säen nicht, sie pflan-
zen noch viel weniger, und ernten tun
sie schon einmal überhaupt nicht. Aber
der himmlische Landesvater ernähret
sie doch!
Still und stumm ruht der See in seinem
Bette.

Der Teig ist aufgegangen, die goldnen
  Plätzchen prangen!
Und aus dem Nebel steiget die leere
  Startbahn wunderbar.
Kein Rad befleckt den Boden,
  kein Flügelschlag berührt die Luft,
  keine Düse steigt gen Himmel.
Und deshalb, Mehdorn:
  Warte nur, balde, eröffnest du auch!
Mr. Wowereit! Open these gates!
Danke sehr!

Stoiber als Dichter – das war und ist für alle Beteiligten ein großer Spaß. Außer vielleicht für Stoiber selbst, aber vielleicht ja doch … Als ich gebeten wurde, bei einer Faschingsausgabe von Grünwalds Freitagscomedy *mitzuwirken, habe ich mich daran erinnert, dass Stoiber und Dichtung eine gute Kombination abgeben. Hier also Stoibers Büttenrede, ganz ohne Verhaspeln, ohne »äh«-s und mit nur einem »Dings«!*

Stoibers Büttenrede

Ich sag es frei heraus und g'rad:
Ich bin und bleib ein Bürokrat.
Bin Schreibtischhengst und Aktenfresser,
und witzig wie ein Taschenmesser.
Doch jedes Jahr zur Faschingszeit
Da wird aus Jekyll Edmund Hyde!
Dann wird dem dümmsten Narren klar:
Der Stoiber ist der Superstar!

In Brüssel und in Wolfratshausen,
da bleiben Spaß und Frohsinn draußen.
Mit Jux gewinnt man keinen Krieg,
erst recht nicht in der Politik.
Doch hab ich mit so manchen Reden
das Reich des Kabaretts betreten.
Das würde man zwar nicht vermuten,
doch sag ich »Hauptbahnhof!« Und »zehn Minuten!«,
denkt Grünwald und der Schleich sogar:
Der Stoiber ist der Superstar!

Ich will ja nicht bescheiden sein,
doch ging in die Geschichte ein
mein Solo mit dem Bären-Dings!
Um Bruno und den Schaden gings!
Ich sag es Ihnen, weil es wahr ist:
Das war ein Hit! Weil das ja klar ist!
Wer so was hört, vergisst es nie.
Die schiere Stand-up-Comedy!
Das fanden damals alle toll:
Berlusconi, Schaals de Goll,
Stefan Raab und Egon Bahr:
Der Stoiber ist der Superstar!

Wie hat's im Sprichwort schon geheißen?
Das Kind muss in den Apfel beißen,
mit dem es in den Brunnen fällt,
damit der Hund, der beißt, nicht bellt,
denn was hat schon das blinde Huhn
mit einem heißen Brei zu tun?
Mit andern Worten: Auch dem Denker,
so wie mir, passiern Versenker.
So hatte ich dann den Salat
mit meinem Flop, dem Transpirat.
Erinnern Sie sich da noch dran?
Die Bimmel-Bums, die Stelzenbahn?
Millionen in den Sand gesetzt.
Doch nur politisch, denn bis jetzt
und auch noch länger sicherlich,
da lacht ganz Bayern über mich.
Denkt gestern, heut und immerdar:
Der Stoiber ist der Superstar!

Heut bin ich älter und auch schlauer
Und mach es wie der Beckenbauer:
Ich bin zwar nicht mehr auf dem
Spielfeld,
doch außerhalb verdien ich viel Geld.
Geh kommentieren und beraten
und werd ins Fernsehn eingeladen.
Ich bin, da immer konzentriert und firm,
geeignet für den Flachbildschirm.
Dass meine Popularität
Auch weiter in die Höhe geht,
Ja, dafür hab ich Personal:
Parodisten ohne Zahl.
Beim Nockherdings sind sie dabei,
der Krebs und auch die andern drei.
Und wenn man mir auch manchmal
gleicht –
das Original ist unerreicht.
Es ist zwar traurig, aber wahr:
Der Stoiber ist der Superstar!

Und weil das mit dem Dichter Stoiber so gut funktioniert hat, hab ich mir gedacht: Das könnte der Seehofer doch auch! Und ich habe ihn Bayern durchbuchstabieren lassen, von »A« wie »Amigo« bis »Z« wie »zwider«. Und weil der Seehofer-Horst ein akurater Mensch ist, hat er das aufwändige A-B-A-B-Reimschema bekommen. Bei dem sich nicht nur die vierte auf die zweite, sondern auch die dritte auf die erste reimt. So viel Mühe muss sein!

Seehofers Bayern-Alphabet

Hört, ihr Leut, und lasst euch sagen,
was nicht allen ist bekannt
über Sitte und Betragen
hier bei uns im Bayernland.

Nicht abstrakt und theoretisch,
sondern praxisorientiert
werdet ihr streng alphabetisch
über Bayern informiert.

Das »A« soll für Amigo stehen,
so fährst du gut im Bayernland!
Und du bleibst sauber, du wirst sehen:
Denn eine wäscht die andre Hand.

»Bier« und »Brezn« wird man kennen!
Fürs »B« in Bayern vieles steht!
Auch »Bestechung« kann man nennen –
wenn's ums Tätowieren geht.

»C« wie Chaos, wie cholerisch –
davon sind wir hier nicht arm!
Dem Land geht's besser atmosphärisch
mit meiner Chuzpe, meinem Charme!

»D« wie Dirndl ist für Bayern
was für Schotten ist der Kilt.
Beides ist erst recht zu feiern,
wenn es bestens ausgefüllt.

»E« – das steht für erzkatholisch!
Immer treu und ehrlich sein!
Manche nehmen's nur symbolisch.
Beispiel fällt mir keines ein.

»F« wie »Flug« und »F« wie »Freising«,
da, wo unser Hafen steht.
Da ist's manchmal sehr surprising,
wenn drei Stund' nix weitergeht.

»G« – das ist bei uns der Grantler.
Einer, der nur mault und murrt.
Früher gabs dafür den Tandler,
heute ist's der Chef, der knurrt.

Das »H« – das steht für »Hofbräuhaus«,
da fliegen rasch die Funken!
Vor Freude ruft der Preuße aus:
»Eins – zwei – getrunken!«

Das »I«, das ist im Bayernland
der Markenkern an sich.
Ist Fundament und Sachverstand,
denn dieses »I« bin ich.

Für »J«, da wäre hier zu sagen
der große Wildschütz Jennerwein.
Er wollte stets das Rotwild jagen
und wird mir immer Vorbild sein.

Das »K« wie Käs passt allerorten
zu Bier und Brot. Ihr habt die Wahl:
In Bayern isst man gern die Sorten
aus Camembert und Emmental.

Der Leberkäs ist Namensgeber
für das »L«. Doch habt im Sinn:
Nicht ein Hauch von Käs und Leber
ist im Leberkäse drin!

»M« bedarf zwei Mal der Ehrung –
darauf haben Bayern Bock!
Denn es braucht für die Vermehrung
er Muskeln, und sie Mini-Rock.

Das »N« liegt in der Kuchl draußen,
und manche Frau ist darauf stolz:
Sie bekämpft so manche Flausen
mit ihrem alten Nudelholz!

Wer »O« sagt, muss auch »-batzter«
sagen,
das ist keinem Bayern neu.
Doch hilft das »O« auch, um zu klagen.
Sag nie »O Gott!«. Sag stets: »O mei!«

Unser »P« betrifft die Füße:
die Pantoffeln, warm und schön.
Weib, bringst du ihm abends diese,
wird er bald schon drunter stehn!

»Q« – das steht für »Quarantäne«
Und für Quark und Qualm und Qual.
Ich schlag' vor: Das wenig Schöne
überspring ich einfach mal.

Das »R« gilt es jetzt zu besetzen.
Das »R« wie Rindvieh, Ochs und Kuh.
Man findet es an allen Plätzen,
ich fürcht', auch der CSU.

Eine »Sau« ist auserkoren
für das »S«. Man sagt zu dir
»Sauhund«, wenn du hier geboren,
»Saupreiß«, wenn du nicht von hier.

»T« soll für Theater stehen,
denn Kultur ist angebracht!
Besser ins Theater gehen
als wenn's im Landtag jemand macht.

Das »U« am Anfang ist entbehrlich,
das »U« am Ende ist der Clou!
Denn gibt es etwas, sind wir ehrlich,
das schöner klingt als »CSU«?

»V« verheißt zu allen Zeiten
viel Vergnügen und viel Glück.
Möge beides uns begleiten
genauso wie die Volksmusik.

»W« wie Wunder! Hofft im Stillen,
dass sie werden wahr geschwind.
Wie: dass Männer Teller spülen
oder Frauen pünktlich sind.

Noch kennt ihr die ganzen Tricks nicht,
doch fangt an und übt sie schon.
Doch ein Wort weiß ich zum »X« nicht
und auch nicht zum Ypsilon.

»Z« heißt »zwider« – das gilt ewig
dir, Berlin, wenn du auch drohst!
Auf den Freistaat, ja, da heb ich
meine Mass und sage »Prost!«

Das folchende Gedichtla mooch i fei arch gern! Es ist Bestandteil des Programms »Können Sie Bayern?«, und es wird vorgetragen von unserem alten Freund Günther Beckstein – im Lehnstuhl, und in einer alten Strickjacke. Ich schwöre es Ihnen: Ich habe schon oft bemerkt, dass da im Publikum die eine oder andere Träne verdrückt wird. Nicht vor Lachen, sondern aus dem anderen Grund. Nach einer kleinen Einführung des Vortragskünstlers geht es los. Bitte Taschentücher bereithalten …

Beckstein: Abschiedsgedicht

Noja, ich hobb ja Zeit. Seit i nimmer drunten bin in München mach i ja nimmer vill. Dann setz i mi halt manchmal auf mei Kanapee und dann du i Gedichtla schreim. Werd mer fast a weng wehmüdich dabei. Wolln Sa aans hörn? So zum Abschied? Also dann, aufbassen, etzatla geht's los …

Die letzde Schlachd – sie ist geschlaachen.
Die letzde Hand zum Gruß gereichd.
Es bleibt mir nur noch eins zu saachen:
Dass sich der Beggstein langsam
schleichd.

Jetz binni siebzich, und jetz langtsmer.
Jetz hobbi Ruh, jetz hobbi Zeid.
Ich hobb kaan Druck und hobb ka Angst
mehr,
jetz triffi nur die neddn Leid!

Ich war einmal ein hadder Gnochn
als Innenminster. Wissters no?
Naja … und dann … die 50 Wochen
als Chef … des war ein Griff ins Klo.

Des war nicht meine beste Phase,
ich hab des ziemlich schnell erkannt:
Du hast in Bayern keine Schaase
als Franke **und** als Protestant.

Ihr könnt mei Audo mit dem Stern ham,
ich fohr jetz widder mein Vauwee.
Ihr könnt ab jetz mich alle gern ham,
ich wink euch zu vom Kanapee.

Ich war ein Teil der Bayern-Führung,
war kurz auch auf dem Bayern-Thron.
Heut is die Marga mei Regierung,
und ich die Obbo-si-zion.

Vom Haushalt hab ich keinen Schimmer,
und Krisen sind mir einerlei.
Ich drink zwei Mass. Dann fahri nimmer.
Auch diese Zeiten sind vorbei.

Man soll ja Gott für alles danggn,
für Oberpfalz und Deechernsee.
Vergesst mir nicht den Middelfranggn.
Ich dank euch schön. Und saach: Adee!

Warum ich wohl so eine Vorliebe fürs Dichten habe? Vielleicht, weil ich meinen ersten öffentlichen Auftritt mit einem Gedicht bestritten habe? Mein Onkel Hans hatte ein Restaurant in Bamberg. Ich war drei Jahre alt, da war ich Gast bei einer Hochzeit in diesem Lokal. Vermutlich Verwandtschaft. Auf alle Fälle wurde ich aufgefordert, ein Gedicht aufzusagen. Ein Kellner hat mir schnell etwas zugeflüstert, ich bin auf einen Stuhl geklettert und habe einen Vers vorgetragen. Danach setzte ein donnernder Applaus ein, der mich in Angst und Schrecken versetzt hat, so dass ich in Panik auf die Toilette geflohen bin und mich dort sehr lange eingesperrt hatte.

Heute würde mir das nicht mehr passieren. Da fliehe ich auf die Toilette, wenn es keinen *Applaus gibt.*

Warum mir diese Geschichte gerade einfällt? Vermutlich deshalb, weil es im Folgenden um Kinder geht. Um ganz besondere. Doch nun hören Sie bitte mich selbst …

Stoiber, Beckstein, Seehofer: CSU-Kindergarten

Wolfgang Krebs: Wir müssen unser Programm jetzt kurz unterbrechen. Denn mir ist da etwas zugespielt worden – damit muss die Geschichte der CSU neu geschrieben werden! Es ist ein brisantes Zeitdokument aufgetaucht, und das beweist, was Enthüllungsjournalisten schon immer geahnt haben: Stoiber, Beckstein und Seehofer kennen sich schon viel länger, als allgemein angegeben wird. Nicht nur das: Sie sind auch gleich alt. Das wurde ja von der CSU-Propaganda bislang immer falsch dargestellt. Sie waren sogar zusammen im selben Kindergarten! Hier ist der Beweis: eine historische Tonbandaufnahme. Sie hören Stoiber, Beckstein und Seehofer, als alle drei fünf Jahre alt waren. *WK drückt die Taste eines (imaginären) Abspielgeräts.*

Stoiber: Ja, hallo, meine lieben kleinen Wählerinnen und Wähler, hochverehrte Frau Bundeskanz-, Frau Kindergartenleiterin, liebe Tante Olga. Ich bin's, der Edi Stoiber vom Eichhörnchentisch. Ich darf heute die Gelegenheit beim … Schlafittchen … berühren und ein paar Worte an Sie richten. Heute ist ein Tag der Dankbarkeit, der Freude und der Gemeinsamkeit. Ein Tag der Dankbarkeit an jene, die vor …

Beckstein: Dande Olcha, Dande Olcha! Da drüben, der Luigi, der hat fei grad was kabudd gmacht. Ich hab's gsehn, der muss naus.

Stoiber: Bitte, lieber Günther vom Katzentisch, ich möchte hier gerade eine Rede halten!

Beckstein: Ja, is scho recht, Edi, aber der Luigi muss naus!

Stoiber: Wie … äh … austreten?

Beckstein: Naa, naus muss er! Wir haben hier in unserem schönen Kindergarten keinen Platz für Ausländer, die meinen, sie müssten sich nicht an die Regeln halten.

Seehofer: Günther, der Luigi steht unter meinem persönlichen Schutz! Und der ist groß, denn ich bin mit fünf Jahren immerhin schon 1 Meter 85 hoch.

Beckstein: Aber Horst, gestern hast du selber noch gsacht, der Luigi muss naus.

Seehofer: Gestern war gestern. Wenn es neue Argumente gibt, dann bin ich der Letzte …

Beckstein: Das stimmt.

Seehofer: … der Letzte, der an überkommenen Ansichten festhält. Das gilt für die von mir entwickelte Bauklotz-Verordnung, den Einstieg in den Ausstieg aus der Verwendung von ausländischen Knetgummi-Erzeugnissen sowie dem Wachsmalkreiden-Embargo. Mit anderen Worten: Der Luigi bleibt da.

Beckstein: Moment amal … Dande Olcha!

Stoiber: Darf ich jetzt vielleicht in meiner Rede fortfahren? Ich meine, man soll ja bekanntlich das Eisen … so lange … mit Füßen treten … bis das Kind **in** den Brunnen **um** den heißen Brei **aus** dem Sack … äh … geschmiedet worden ist. Also: Wenn Sie, hochverehrte liebe Tante Olga … von München aus … am Hauptbahnhof … in zehn Minuten …

Seehofer: Ah, der Edi redet wieder einmal einen Schmarrn daher. Da hinten, Günther, schau … die Tante Waltraud. Die trägt unsere Tassen in die Küche. Jetzt mach ich amal einen Spassssss! *(rufend)* He, Tante Waltraud, was soll das heißen, du kannst das Tablett nicht fallen lassen? Auf deiner Schulter sitzt eine Spinne! – *(Scheppern)* Na also, es geht doch, hähähähähä.

Günther fällt ins Gelächter ein, Edi nicht.

Stoiber: … in zehn Minuten … dann können Sie praktisch …

Seehofer: Da! Der Luigi hat mein Frühstücksbrettchen genommen! Das sind die hinlänglich bekannten mafiösen Zustände aus seiner Heimat, die wir hier nicht zulassen dürfen!

Beckstein: Ganz meine Rede…

Seehofer: Frühstücksbrettchen-Diebstahl! An **meinem** Kaninchentisch! Unverschämtheit! Der Luigi muss naus!

Beckstein: Sach ich doch! Der Luigi muss naus!

Seehofer: Und sein Fahrrad und seinen Kakao kann er gleich mitnehmen!

Beckstein: Wär er kein Italiener, sondern ein Bayer, könnt er nach zwei Litern Kakao immer noch fahren, hähähähähä …

Horst lacht dreckig mit.

Stoiber: Liebe … äh … Parteifreunde, ich würde jetzt gerne meine Rede weiter … in dieses Mikroskop … hineinreden, quasi. Weil das ja klar ist.

Seehofer: Aber danach darf dann ich!

Beckstein: Nein, ich!

Seehofer: Nein, ich. Ich bin größer!

Beckstein: Du darfst mich gar nicht schlagen, ich bin eine fränkische Minderheit.

Seehofer: Aber ich bin größer. Und notfalls hol ich Verstärkung. *(rufend)* Luigi! Deine Erfahrung ist hier gefragt, du kennst dich doch mit Schutzgeldern aus! Wenn du mir schön hilfst, den Günther zu verprügeln, darfst du da bleiben!

Beckstein: Das ist doch wieder typisch für den Horsti! Kein Rückgrat, immer gleich schlaachn, jede Minute eine andere Meinung. Saacht der Luigi auch.

Seehofer: *(rufend)* Echt? Dieser Luigi hat ja so viel Rückgrat wie ein Fernsehredakteur! Luigi, du musst naus!

Stoiber: Ich bitte euch, liebe Parteifreunde und Parteifreundinnen …

Seehofer: Kümmer **du** dich um die Freunde, für die Freundinnen bin immer noch **ich** zuständig, hähähähä.

Beckstein: Edi, was hasd'n da aufgmalt? Schaut ja aus wie eine Eisenbahn auf Stelzen.

Stoiber: Ja … denk nur einmal an Paris … Scharls de Gool! Oder Rom, Quatro Staggioni!

Beckstein: Du hast der Eisenbahn ja sogar schon einen Namen gegeben … Was heißt'n des da … »Transpirat«.

Stoiber: Ja gut … das ist vielleicht … noch nicht optimal. Aber die Richtung stimmt. Weil das ja klar ist! Wenn ich einmal groß bin, dann wird das **meine** Erfindung!

Beckstein: Schön! Darf ich mit der dann auch amal spieln?

Stoiber: Aber ja, lieber Günther. Ich weiß auch schon, wann der erste Zug über die Gleise … also äh … Schienen … schweben wird. Am 5. Oktober 2009! Ein Montag!

Beckstein: Ein Montag? Schad, da kann ich nicht, da hab ich Blockflöte …

Stoiber: Das ist … in der Tat … sehr schade. Horsti vom Kaninchentisch, kannst du denn an dem Tag?

Seehofer: Ich weiß nicht genau … Ich hab da irgendwas mit euch geplant, aber ich weiß nicht mehr was.

Beckstein: Naja, das wird dir schon wieder einfallen. Jetzt wollmer erst amal das Geschirr wegräumen …

Stoiber: Genau, räumen wir das mal alles weg … Warum strahlst du so, Horsti?

Seehofer: Weil es mir in **dieser** Sekunde wieder eingefallen ist, hähähähä …

Im November 2013 stand eine Umbesetzung an in der Landtagskantine. Beckstein verabschiedete sich im wahren Leben aus der Politik, sollte aber immer einen Gästeplatz in der Kantine behalten. Sein Nachfolger wurde natürlich wieder ein Franke: Markus Söder, gebürtiger Nürnberger, Minister für Finanzen und Heimat. Ihn nachzumachen war und ist einfach: schneller sprechen, ab und zu eine hochdeutsche Sequenz einfließen lassen, schönes Wortgeklingel einbauen, und, ganz wichtig, Aufzählungen mit »erstens« beginnen und kein »Zweitens« folgen lassen. Oder »Ich sag es noch einmal…« zu sagen, ohne dass etwas Ähnliches vorher gesagt worden ist. Hier schaut er zum ersten Mal vorbei, vorgestellt vom scheidenden Beckstein.

Landtagskantine: Söder kommt!

Beckstein: Soderla, jetzt schaud amoll, wen ich euch do mitgebracht hab. Sag »Grüß Gott«, Markus!

Söder: Naja, gut … Aber ich muss **eines** sofort klarstellen: Eine Union mit der Union **ohne** die Union ist mit der Union nicht zu machen. Erstens. Und zweitens nadürlich auch!

Stoiber: Das ist aber eine schöne Unterführung! Überraschung wollt ich sagen! Besuch von meinem alten Sozi! Nein, nicht Sozi. Ziehsohn! Meine Herren und Herren, darf ich vorstellen: Sötus Marder! Nein … andersherum … Markus Söder!

Seehofer: Edmund, wir kennen ihn! Schließlich hab ich ihn zum Minister gemacht, für Finanzen und Heimat!

Beckstein: Do, setz di her, Margus, und benimm di fei a weng do herin in der Kandine. Mogst a Eis?

Söder: Naja, gut … Als Minisder für Finanzen und Heimat muss ich glaar und deudlich saang, dass des so net geht. Die Dische da, der Fußboden, die Wänd, ich maan, des geht doch ned im bayerischen Landdaach.

Seehofer: Immer schön langsam, Markus. Der Chef bin immer noch ich. Ich habe die Wahl gewonnen!

Söder: Naja, gut. Einerseits. Aber simmer doch amoll ehrlich: Ma muss doch auch amoll a weng ehrlich sein. Ausstattung schön und gut, aber schließlich kommts ja auch noch auf die Inhalde an!

Seehofer: Ich hab so komische rote Kreise vor den Augen …

Beckstein: Was sachder?

Seehofer: Irgendwas mit Inhalten …

Beckstein: Ehrlich? Häddi jetz gor net gedocht.

Söder: Naja, gut. Inhalte zählen nadürlich nur, wenn auch die Ausstaddung schdimmd. Erstens. Und zweitens muss man mit aller Deutlichkeit saang: Eine Union mit der Union **ohne** die Union ist mit der Union nicht zu machen.

Beckstein: Hähä. Is scho a rechts Gribbala, der Margus!

Seehofer: Jetzt hab ich **zwei** von denen! Diese Franken machen mich wahnsinnig …

Kurze Zeit später: Söder taucht mit größerer Selbstverständlichkeit auf. »Diese Franken machen mich wahnsinng!« war ein Standardsatz von Seehofer. Dieses Mal sagt ihn jemand anders.

Landtagskantine: Einfach einfacher!

Stoiber: Einen recht schönen guten Dings, meine Herren! Heute ist ein Tag der Gemeinsamkeit, der Freude und der Dankbarkeit!

Seehofer: Setz dich her, Edmund – die Zeit deiner großen Reden ist vorbei.

Beckstein: Hähä! Genau wie bei mir! Dembi bassaaadi, wie der Ladeiner saacht …

Seehofer: Bitte zusammenrücken – der Söder kommt!

Söder: Servus Chef! Und die andern aa. Simmer doch amoll ehrlich: Die CSU braucht mehr Minisder. Erstens. Und zweitens natürlich auch!

Seehofer: Red keinen Schmarrn, Markus, mehr Minister geht nicht.

Stoiber: Weil das ja klar ist! Es kann ja nur so viele Minister geben wie Ministranten. Also gewissermaßen Mysterien. Minysterien.

Söder: Und genau da liegt der Hase im Pfeffer! Mir brauchen mehr Ministerien! Hammer vill zu wenich davon! Ein Genuss-Ministerium zum Beispiel – des wär doch a Sache!

Beckstein: Oder a Franggn-Ministerium! Ach, des wär fei orch schee …

Stoiber: Oder ein Ministerium für die präzise Erforschung von … äh … irgendwas …

Söder: Ja gut, na schön, da muss ma auch amal realistisch bleiben und sagen: Eine Union mit der Union ohne die Union ist mit der Union nicht zu machen!

Seehofer: Wie ich dich kenne, hättest du da für dich bestimmt schon ein bestimmtes Ministerium im Auge, du Schlawiner, du fränkischer!

Söder: Ja gut, na schön, da muss man sich ehrlich machen und sagen: Jawohl, mir schwebt da ein Ministerium vor Augen. Ein Ministerium zur Koordinierung verschiedener Ministerien. Mit einem Arbeitskreis zur Entwicklung neuer Ministerien unter Vorsitz des Vorsitzenden des Arbeitskreises zur Entwicklung neuer Ministerien.

Beckstein: Mir wird blötzlich ganz schwindlich …

Stoiber: Da hab ichs besser. Ich versteh kein Wort.

Söder: Das ist der Beweis: Wir brauchen dringend ein Ministerium zur Vereinfachung der Arbeitsweisen der Ministerien. Mit einem Arbeitskreis unter Vorsitz des Vorsitzenden des Arbeitskreises.

Beckstein: Diese Franggn machen mich wahnsinnich!

Ich habe Markus Söder kennengelernt, als ich Seehofer-Double am Nockherberg war. Von 2010 bis 2013. Nach dem Singspiel gibt es immer Fotos von den Derbleckern und den Derbleckten. Stephan Zinner hat einen beachtlichen Söder hingedonnert! Er, der Nicht-Franke, hat sich ein Kunst-Fränkisch angelernt und den Turbo-Booster eingeschaltet. Die Folge: Söder als adrenalin-gesteuertes Panzernashorn. Das ist lustig, hat aber mit der Realität nichts zu tun. So wie mein Stoiber ja auch nicht. An diesem Abend stand ich zum ersten Mal neben dem echten Söder, wenig später haben wir uns geduzt, und wiederum kurz danach tauchte er in meinem Bühnenprogramm »Können Sie Bayern?« auf.

Söder: Alles fließt!

So, etzat! Ich heiße Sie sehr herzlich willkommen als Ihr Minister für Finanzen, Landesentwicklung und Heimat.

Eins ist und bleibt völlig klar: Eine Union **mit** der Union **ohne** die Union ist mit der Union nicht zu machen. Erstens. Und zweitens nadürlich auch!

Freunde des gepflegten Geldmarktes – simmer doch amoll ehrlich.

Landesentwicklung – das heißt: die Entwicklung auf dem Land – die geht eindeutig in Richtung Stadt. Immer mehr verlassen ihre Dörfer und pfeifen auf ihre Heimat. Und wie begegnen wir dieser Entwicklung? Klare Sache – mit vernünftiger Finanzpolitik! Und wie das geht, das werd ich Ihnen hier an Ort und Stelle demonstrieren.

Naja, gut, stabile Finanzen, seriös durchgerechnet, und das bei gleichzeitiger rhetorischer Realitätsoptimierung – das ist meine Stärke. Und wie **Sie** ihre Finanzen optimieren können, das machmer gleich ganz entspannt im Hier und Jetzt. Erstens. Und zweitens natürlich auch.

(klappt Laptop auf)

Wichtig für Wohlstand und Wachstum – das ist Bewegung. Wer von Ihnen hat auf seinem Konto zu wenig Bewegung? – Jaja, ich weiß scho, bei Finanzen simmer alle immer weng schenant, aber glaumm S' es mir, überwinden Sie sich, und Sie werden es nicht bereuen. Also bitte, ein Freiwilliger! Oder soll ich einen bestimmen?

Ein Freiwilliger meldet sich oder wird bestimmt.

Ihr Nachname bitte, und Ihr Geldinstitut.

Der Freiwillige sagt etwas.

Dann schaumer doch gleich amal nach. Das wird Sie doch nicht wundern, dass das so einfach möglich ist, oder? Das geht mit einem Trojaner – und der ist kein Problem für jeden mit einem großen Latinum.

(tippt auf dem Laptop herum)

So, da hammer ihn schon. Der Herr X bei der Hypo-Vereinsbank, Konto-Nummer 32 32 86 87, ist das richtig? Ein Schbässle, freilich isses richdich …

Herr X, sehr gut, 5000 im Plus. Aber – was ist denn da los? Keinerlei Bewegung! Nix! Tot wie Fürth nach Mitternacht! Ganz schlecht. Ein Konto ist wie ein Rennpferd, das muss beweecht werden! Und bei Ihnen? Kein Strom, kein Telefon, keine Miete – sind Sie Freigänger und müssen danach wieder in Ihre Zelle?

(tippt auf dem Laptop herum)

Macht alles Ihre Frau, soso. Naja, gut. Simmer doch amoll ehrlich: Das geht so nicht weiter. Erstens. Und das heißt zweitens: Sie müssen etwas überweisen. Wären Sie dazu bereit? … Sehr gut! … Wohin? … Ach, das wissen Sie nicht. Da hätte ich einen Vorschlag. Ich bin der Chef von einer sehr, sehr guten Bank, der Bayern LB, haben Sie bestimmt schon einmal gehört. Da eröffnen wir jetzt sofort ein Konto für Sie, und darauf überweisen Sie monatlich einen kleinen Betrag, das sorgt für Bewegung, das bringt Dynamik, das kurbelt die Wirtschaft an. Einverstanden? Scho bassiert!

Und dahin überweisen Sie jetzt von Ihrem ersten Konto monatlich … sagen wir … 10 000 Euro. Einverstanden? Scho bassiert! Hier ein kleines Willkommensgeschenk!

(holt einen Kugelschreiber aus dem Sakko und wirft ihn Herrn X zu)

Sie haben also jetzt bei einem Guthaben von 5000 Euro auf Konto 1 einen monatlichen Dauerauftrag von 10 000 Euro für Konto 2 eingerichtet, machen Sie sich keine Sorgen, das wird alles abgedeckt über den Überziehungskredit von Konto 1.

Herr X, ich gratuliere! Sehr gut! Das Geld fließt in einem Ausmaß hin und her, das ist sagenhaft. Ich als Ihr Finanzberater hätte da sogar noch einen wichtigen Hinweis für Sie: Sie haben auf Ihrem Konto bei meiner Bayern LB im Moment ein Guthaben von 20 000 Euro. Damit sind Sie ein verdammt guter Kunde! Ein verdammt guter! Ein Rock'n Roller! Echt crispy und funky! Und Sie sind verdammt kreditwürdig! Ich könnte Ihnen einen Kredit anbieten in Höhe von …

(tippt auf dem Laptop herum)

… in Höhe von … 100 000 Euro! … Was soll das heißen, den brauchen Sie gar nicht? Den brauchen Sie sogar ganz dringend, den brauchen Sie als Ausgleich für Ihren Überziehungskredit auf Konto 1. Da schaut's ganz mies aus, ganz mies, aber dafür ist diese Bank ja bekannt …

So, was machmer denn mit den 100 000? Haben Sie schon einen Plan? … Was wollen Sie? … Ein Auto? … Was denn für eins?

X sagt irgend etwas Verwertbares, oder Söder versteht einfach »Porsche«.

Ein Borsche! Herr X, Sie waren mir so sympathisch, und jetzt kommen Sie mit einem schwäbischen Auto daher … Also **was** ist Ihr Lieblingsfahrzeug? Denken Sie bayerisch … Ein BMW, genau! Ich bin der Markus! Und du?

(Herr X nennt seinen Vornamen Y)

Y, ich als dein Freund rate dir: Das Konto muss **immer** in Bewegung bleiben! Immer! Nicht den Betrag auf einmal zahlen! Sondern in Raten. Wie hoch sollen sie denn sein, was kannster leisten? … Ich hör nix … Ich hör immer noch nix … Gnädige Frau, was verdient Ihr Gatte? … Ich weiß, dass Sie das nicht wissen, aber schätzen Sie … Gut, so wie Sie angezogen sind, gehen 1000 Euro im Monat. Scho bassiert! Naja, gut, machmer noch a schöne Versicherung dazu, Hagelschaden, Marderschaden … Wird der Wagen auch von deiner Frau gefahren, Y? Okay, dann zusätzlich gegen Versagen der Einparkhilfe, außerdem Umlackieren in Handtaschenfarbe und erweiterte Rückspiegel-Beleuchtung. Wird nicht **ganz** billig, aber wer achtet schon aufs Geld, wenn's um die Sicherheit seiner Liebsten geht?

Jetzt bleibt nur noch die Frage, wovon du das alles bezahlen willst. Dummer Y! Leichtsinniger Y! Das erste Konto im Minus, das zweite Konto im Minus! Du musst wirklich a bissl verantwortungsvoller mit Geld umgehen, Y! Aber ich seh grad … du hast wahnsinnig viel Bewegung. Da machmer's einfach so: Du bekommst von mir als deinem Finanzberater und Freund einen sogenannten Bewegungsförderungskredit – damit kannst du deine Schulden in zehn Jahren mit monatlich 8000 Euro abbezahlen! Ist das ein Wort? Prost Y!

Naja, gut. Alle anderen wissen jetzt, warum der Freistaat Bayern finanziell so wahnsinnig gut dasteht. Und Sie nicht. Erstens. Und zweitens natürlich auch.

Horst Seehofer sagte einmal, dass er erst bei seinen Besuchen in Franken merkt, was Markus Söder alles seinen Landsleuten zugeschanzt hat. Eine dieser Aktionen war der »Frankenbock«, eine fränkische Nockherberg-Version. Da der bayerische Finanzminister auch für das Brauereiwesen zuständig ist, dürfte da keine allzu bürokratische Organisation notwendig gewesen sein. Ich sollte den »Frankenbock« als Stoiber eröffnen und wurde dazu in das Söder-Büro bestellt. Am Fuß der Ludwigstraße, mit Blick auf den Odeonsplatz und den Hofgarten. Hat man erst einmal die Sicherheitskontrolle durchlaufen, geht alles sehr gelassen und entspannt zu. Das Personal ist freundlich, hilfsbereit und höflich, allen voran der Minister. Er nahm sich zwei Stunden Zeit, um mir den Ablauf des Abends und das Ziel der Veranstaltung zu erklären. Und da ich selber halber Franke bin, war es mir eine Ehre, meinen Beitrag zu leisten.

Stoiber: Frankenbock

Einen schönen guten Dings, meine lieben ... äh ... fränkischen Mitbewohner! Ich begrüße Sie mit einem herzlichen ... Moment ... *(schaut auf einem Zettel nach)* ... »Servuslein«!

Ich weiß, Sie haben jemand anders erwartet, aber ich frage Sie: Wer ist Ihnen lieber? Der Ministerpräsident der Regierung oder der Ministerpräsident der Herzen? – Na sehen Sie!

Meine lieben ... Frauen ... und nicht zu vergessen die Damen ... sowie die dazugehörigen Herren ... also die Männer von den Frauen ... Heute ist ein Tag des Miteinanders, aber **auch** der Gemeinsamkeit. Genau heute, hier und jetzt, gedenken wir einer alten Tradition. Sie ist unter den alten Traditionen eine der jüngsten, nämlich genau 45 Minuten alt.

Wir begehen heute die Geburtsstunden des Bankenschocks. Äh ... des Frankenschocks. Es muss natürlich richtig heißen: Frankenbock! Auf Englisch Facebock.

Gerade für mich als Ministerpräsident des ehemaligen Bayern ist es eine Freude, in diesem noch weitgehend unerforschten Teil Bayerns ... mein Unwesen ... zu erscheinen. Denn wer von den Oberbayern wagt sich schon über Ingolstadt hinaus nach Norden? Aber kaum hat man sich mit der Machete einen Weg durch den Urwald des Altmühltals gebahnt, ist man schon da: Unten im Tal das malerische Greding, etwas weiter oben das wohlhabende Up-Greding.

Man kommt aus Ingolstadt, dort hört man die Sprache Horst Seehofers und Günter Grünwalds – und in Greding schon klingt es wie Henry Kissinger, Ludwig Erhard und Herbert Hisel!

Denn das machen sich die Politiker in der Staatskanzlei natürlich nicht klar! Franken ist groß! Allein Mittelfranken hat 1,7 Millionen Einwohner! Oberfranken 1,1! Von Unterfranken weiß man es nicht, weil man die Sprache nicht versteht. Man könnte den Würzburger Dirk Nowitzki fragen, aber der ist wiederum zu hoch!

Und Franken ist alt! Zum ersten Mal erwähnt wurde es in den 50er-Jahren. *(schaut auf dem Zettel nach)* ... des dritten Jahrhunderts. Von da an waren die Franken aus der Weltgeschichte nicht mehr wegzudenken! Dem

Land Frankreich haben sie den Namen gegeben! Nur einem Zufall ist es zu verdanken, dass man heute in Paris »Au revoir« sagt und nicht *(schaut auf dem Zettel nach)* »Servuslein«.

Nicht umsonst war die Schweiz von den Franken so begeistert, dass sie sofort ihre Währung nach euch benannt hat! Und die Deutsche Post hat es sich seit ihrer Gründung zur Aufgabe gemacht, im Sinne

Frankens alle Kunden zu missionieren. Bis zum heutigen Tag müssen Sie jeden Brief **frankieren**!

Ich darf kurz an die Liste der berühmten Franken erinnern! Egal ob Kunst, Politik oder ein anderes Show-Business! Nehmen Sie nur diesen einen! Oder die anderen beiden! Zum Beispiel fallen mir gerade die Namen nicht ein! Doch! Dieser Große! Sehr erfolgreich … gewesen … Lange Locken, auch im hohen Alter! Seltsame Gewänder … Jetzt weiß ich es wieder: Albrecht Dürer!

Oder diese beiden, von denen man nie weiß, wer sie eigentlich sind, wo sie herkommen und was sie gemacht haben … Kaspar Hauser und Tatjana Gsell!

Fußball-Größen ohne Ende! Max Morlock! Felix Magath! Lothar Matthäus! Leo Kirch!

Oder sogar Film-Stars! Diese eine da … Sandra Bullaug! Bulldog! Bullock! Die hat fränkische Wurzeln, auch wenn man es nicht glaubt. Es gibt sogar Gerüchte, dass der Nürnberger Oberbürgermeister Maly ein Franke sein soll. Einige sagen, er ist sogar ein Nürnberger! Aber das glaub ich nicht, da würd man ja was hören …

Vielleicht hat der Aufstieg der Franken damit zu tun, dass sie es mit der Wahrheit nicht so genau nehmen. Die Lüge fängt schon beim Ortsschild an. Da steht »Nürnberg« drauf. Dreist geschwindelt! Denn jeder weiß doch, dass die Stadt »Nämberch« heißt. »Näm«! Nicht »Nürn«! »Berch!« Nicht »Berg«.

Oder ist es nur eine geschickte Methode, die Mitbewerber zu verwirren? Man kann es sich nicht anders erklären, wenn man dem Kollegen Markus Söder im Kabinett zuhört. Er spricht von »mumpfeln«.

»pfopfern«, »suttern«. Niemand weiß, was er meint, außer vielleicht Albrecht Dürer. Aber der hat sich gedacht: »Gegen den Söder komm ich nicht an«, und da ist er lieber vor 500 Jahren gestorben.

Meine Damen und Herren, das war das Stichwort für den nächsten Redner. Markus Söder hat es schwer als Franke in München. Geldprobleme hat er nicht, denn er hat seine Lebensgeschichte an Hollywood verkauft. Dort ist sie vor vielen Jahren verfilmt worden, unter dem Titel »E.T.«.

Seine Devise war immer »Weniger Geld für München, mehr Geld für Franken!« Das erklärt seine große Beliebtheit auf der **anderen** Seite vom Altmühltal.

Viele Freunde hat er dort nicht, unser Finanzminister. Denn seine Schale ist so rau wie seine Konsonanten weich. Aber **einen** Freund hat er noch – treu, unerschütterlich und brandgefährlich. Und den darf ich jetzt vor dieses Mikroskop bitten. Ich empfehle mich als Ihre schwarze Doppel-Null aus Wolfratshausen – Mahlzeit!

Zwischenrufe sind bei meinen Programmen die Regel. Meistens bereichern sie den Abend oder sie machen ihn zumindest spannend. In allen Programmen müssen Menschen aus dem Publikum mitspielen, ein weiteres Beispiel dafür folgt einige Seiten weiter. In Können Sie Bayern? *erscheint der Schlagersänger Meggy Montana und verteilt billige Plastikrosen an die Damen, mit der Bitte, diese ihm bei seinem richtigen Auftritt wieder zurückzuschenken.*

Manchmal aber passiert Verblüffendes: Ich hatte einen Auftritt im unterfränkischen Giebelstadt, im »Kartoffelkeller«. Dort habe ich meine Militärzeit verbracht. Das fällt mir aber erst mitten in einem Stoiber-Monolog ein. Also höre ich mich sagen: »Giebelstadt! Hier ist mein Double, dieser Krebs, zur Bundeswehr gegangen. Ich glaube, dritte Kompanie!«

Ruf aus dem Publikum: »Dann war ich dein Spieß, Flieger Krebs!«

Auch bei der folgenden Darbietung hält sich das Publikum selten zurück. Schorsch Scheberl betritt mit einem Trauerkranz die Bühne und hält eine Rede am offenen Grab. Das findet nicht jeder lustig. Aber wie sagte schon der Landesvater der Herzen etliche Seiten vorher in seinem Monolog? »Spaß muss sein, sonst geht keiner mit bei der Leiche.«

Schorsch als Beerdigungsredner

Liebe Trauergemeinde, lieber Herr Bürgermeister, liebe ehemalige Starkbierkönigin. Ganz besonders freuen wir uns, dass auch Sie, verehrter Herr Pfarrer, heute Zeit gefunden haben, um diesen Anlass zu … also quasi … zu gestalten, auch wenn er nicht halb so freudig ist wie letzte Woche, wo Sie unter lebhafter Anteilnahme der Dorfbevölkerung den neuen Schlauchaufroller unseres Feuerwehr-Einsatzwagens Zwo gesegnet haben.

Wurscht, es kann im Leben nicht immer nur bergauf gehen, wie das Schicksal des bedauernswerten Verstorbenen beweist.

Ich freue mich, dass auch die Witwe des Hinterblichenen heute hier sein kann. Alle unsere guten Wünsche sind bei dir, liebe … liebe … *(fragt in die Runde:)* Wie hoaßt's? … Manila? … Venezuela? … Ah, Manuela! … sind also bei dir, liebe Manuela, sowie bei deinen drei Söhnen *(blinzelt in die Richtung)* … sowie bei deinen beiden Söhnen und deiner Tochter … ja gut, hehe … ich hab sie jetzt für einen Sohn ghalten hehe … also bei deinen Kindern.

Wir nehmen heute Abschied von einem Mann, mit dem ich gut befreundet war, obwohl ich ihn kaum gekannt habe. Als Gedächtnisstütze hat mir die Familie einen kleinen Zettel mit Stichwörtern … *(er tastet an sich herum und findet nichts)* – aber wer braucht eine Gedächtnisstütze bei einem Mann, der sich tief in das kollaterale … in das kollaterale Gedächtnis von uns allen und ganz besonders von mir … hinein … geprägt … hat.

Er wird eine große Lücke hinterlassen, und wir werden niemals seinen Namen vergessen! Du lebst in unseren Herzen weiter, lieber ... äh ... wie hoaßt er ... *(hört in die Runde)* ... du lebst in unseren Herzen weiter, lieber ... naa, i will net den Beruf wissen, den Namen brauch i! ... Ach so, der **hoaßt** so ...! Du lebst in unseren Herzen weiter, lieber Dankwart!

Heute haben wir uns nun an deinem letzten kalten hölzernen Bett versammelt, hergestellt von der Schreinerei Wimmerle, »Ihre Schreinerei fürs Leben«. Sie war es, die vor 30 Jahren die Schrankwand in meinem Wohnzimmer hergestellt hat, aus echtem Oberpfälzer Mahagoni! Auch wenn die rechte Tür von Anfang an net gscheid zuaganga ist, so war es doch ein Miststück ... äh ... ein Meisterstück handwerklicher Präzisionsarbeit! Hut ab!

Und in so einem liegst du nun vor uns, mein lieber ... *(lässt sich helfen)* ... Dankwart. Vor einem halben Jahr bist du zu uns in unsere Mitte gestoßen, aus Niedersachsen-Anhalt ... äh ... Mecklenburg-Vorpolen. Herzlich haben wir dich aufgenommen, dich und deine liebe Frau Vokuhila und deine zahlreichen Söhne. Wäre dir mehr Zeit geblieben, lieber ... äh ... Dankwart ... so wärst du sicher Mitglied geworden in einem unserer 30 Vereine und in unserem Ortsverband. So aber wurdest du dahingerafft von einem schweren Schicksal in Form eines Belarus MTS 50 mit angehängtem Miststreuer mit Exakt-Streu-Aggregaten. Ausgerechnet du, lieber Dankwart aus dem Osten, wurdest vom billigsten Traktor unserer Gemeinde hingerichtet, einem Russentraktor, einem Belarus MTS 50. Vom Rauschhofer Gerhard.

(Drohend:) Und wenn da so ein paar Dorfratschn meinen, der Rauschhofer Gerhard sei letzte Woche nicht in der Lage gewesen, seinen Belarus über die Kreuzung zu fahrn, nur weil er vorher beim Gruber-Wirt acht Jägermeister zu sich genommen hat – der kriagt von mir persönlich eine Fotzn, dass er bis zum nächsten Starkbieranstich sei Mei nimmer aufbringt.

(immer lauter:) Ich persönlich war anwesend, als beim Maibaumaufstellen 1988 der Rauschhofer Gerhard **mit** seinem Traktor **auf** seiner Schaufel **nach** 18 Jägermeistern die gesamte Tigergruppe vom Kindergarten St. Augustiner **vom** Dorfplatz **zum** Waldspielplatz gefahren hat. Des san sieben Kilometer! Nachts und ohne Beleuchtung! Und nicht **ein** Kind war dabei, das **nicht** an Ort und Stelle ein Pflaster aus dem ordnungsgemäß mitgeführten Erste-Hilfe-Kasten vom Rauschhofer Gerhard bekommen hätte! Und so einer soll eine rote Ampel überfahrn ham? Der Rauschhofer? Eine Ampel überfahrn? So ein Scheißdreck! So einen Schwachsinn hab ich ja noch nie ghört!

(wieder mit Contenance):

Liebe Hintergangenen. Die Landwirtschaft ist nun einmal das Rückgrat der Wirtschaft in unserem geliebten christlich-alpenländischen Heimatland. Und wo gehobelt wird, fallen Späne. Mir tun diese Späne von Herzen leid, das musst du mir glauben, liebe Vuvuzela. Du und deine drei Späne, denen man den Stamm entrissen und in bitterste Seelennot … hinein … gestoßen hat. Netwahr.

Ich möchte in diesem Zusammenhang aber auch an die Seelenqualen von unserem armen Rauschhofer Gerhard erinnern!

Ich mein, 480 Euro Schaden an einem 50 Jahre alten Belarus, des is ja auch schlimm! Da hat sich der Rauschhofer-Gerhard schon überlegt, ob er jetzt quasi Abschied nimmt, von seinem Belarus. Hat der aber **nicht** getan. Das wäre dann der **zweite** Trauerfall in kürzester Zeit für unsere kleine Gemeinde.

(Gewinnt wieder an Fahrt): Ja du liebe Zeit, und dann nimmt man mir einen kleinen Freundschaftsdienst übel! Gegen einen Mann wie den Rauschhofer-Gerhard und seinen Belarus die Staatsanwaltschaft aufzuhetzen. Des macht ma ned!

Ein Mann, der noch nie einer … Hyazinthe … einen Flügel ausgerissen hat! Ein Vereinsbruder! Ein verdienter zweiter Fördervereinsbruder vom Förderverein zum Erhalt des Waschbetonkübels in Gedenken an den Besuch von FJS! Unbescholten, mit einer reinen Weste unter seinem goldenen Herzen! Einer, der sich nie hat etwas entschuldigen lassen, der nie im Gefängnis war – und wenn, dann nur wegen einer Kleinigkeit!

Und wenn **ich** dann meinen alten Vereinskameraden Harald anruf, der es vom Einödhof in Hinterstrabanzendorf bis zum Staatsanwalt gebracht hat, und wenn ich dann sag, Harald, geh weiter, ihr habt so viel zu tun, jagt lieber die **richtigen** Verbrecher! Hände weg von unserem Rauschhofer-Gerhard! Dann, meine lieber Trauerverein, ist das eine Steuerersparnis! Weil nicht ermittelt in einer Angeekeltheit, wo das Ergebnis schon vorher feststeht! Das würde ja ausgehen wie das Hornberger Schützenfest! Reine Verschwendung der öffentlichen Hand! Das hat der Staatsanwalt Harald sofort eingesehen, und aufgrund dieser Einsicht sind die Akten jetzt unauffindbar.

Und das Grundstück, das der Harald dann bekommen hat, gleich neben dem Gefängnis, damit er sich da ein bescheidenes Häuserl bauen kann – das war nur **mi-ni-malst** unter dem Marktwert! Außerdem hat er von dort immer seine frühere Kundschaft im Auge.

Und wer mir **daraus** einen Strick drehen will, dem versprech ich: An **seiner** Beerdigung halte **ich** keine Rede! Saubande, elendigliche!

BAYERISCHE
STAATSKANZLEI

Es war im Jahr 2006. Ich schaue im Fernsehen die Faschingssendung aus Veitshöchheim an. Da sitzt ein gut gelaunter Stoiber im Publikum und trägt das für ihn Äußerste eines Faschingskostüms, nämlich einen Smoking. Alle auf der Bühne machen Witze über seinen Berlin-Rückzieher, und Stoiber trinkt seinen Bocksbeutel. Ich zu Hause habe für jedes seiner Gläser eines mitgetrunken. Danach war ich so euphorisiert, dass ich eine Mail in die Staatskanzlei geschrieben habe. Irgendetwas mit »fest an Ihrer Seite«, »gemeinsam siegen oder untergehen« oder so ähnlich. Am nächsten Morgen war mir die Sache sehr peinlich, aber Mails sind ja bekanntlich nicht rückholbar. Nach vier Wochen dann plötzlich das Erstaunliche: Ich bekomme eine Einladung in die Staatskanzlei zu Edmund Stoiber, zusammen mit dem »Nockherberg«-Stoiber Michael Lerchenberg.

Großes Presseaufkommen, Lerchenberg taucht unten durch, ich lasse mich fotografieren. Dann gemeinsames Warten vor der Zirbelstube, etliche Assistenten und Adjutanten. Schließlich Stoiber selbst, souverän, freundlich, offenkundig dankbar für die Chance, sein Büro für ein Weißwurstfrühstück verlassen zu können. Das Gespräch wird regelmäßig für Fototermine unterbrochen. Ganz klar: ein genialer PR-Schachzug: Der Politiker hat die Größe, sich mit seinen Imitatoren zu treffen. Egal! Der Vormittag war unvergesslich, und ich habe einen Stoiber erlebt, der hinreißend plaudert – ohne sich zu verhaspeln, ohne »äh« und ohne »Dings«. Also ganz anders als ich. Er erzählt von seinen Enkeln und genießt es, zweieinhalb Stunden außer Dienst zu sein.

Ich frage ihn: »Herr Ministerpräsident, was treibt Sie an?«

Und er antwortet: »Ich möchte dieses Land gestalten«. Ich habe ihm geglaubt.

Nun darf man natürlich nicht vergessen, dass es auch einmal einen anderen Stoiber gab: den scharfen Hund vom Strauß, der nach jeder Sendung von »Live aus dem Alabama« in der Redaktion angerufen und sich beschwert hat. Aber die Zeiten sind vorbei. Heute, und das möge man mir bitte glauben, ruft niemand mehr an. Manchmal beschwert sich ein Rundfunkrat über einen Papstwitz oder ein Interessenvertreter, weil seine Interessen verletzt wurden. Vorbei die Zeit, als Staatskanzlei-gesteuerte Redakteure CSU-konforme Gespräche führten.

Derartiges kenne ich nur aus Erzählungen. Kein Wunder also, dass eines Tages (im Programm »Drei Mann auf einem Dings«) die Kunst des manipulativen Interviews eine Renaissance erfuhr.

Stoiber: Das Interview

Stoiber: Wir kommen jetzt zu einem wichtigen Thema: Rhetorik im Interview. Schauen Sie, als Politiker werden Sie ja permanent interviewt. Vom Otti Kerner, von der Anne Christiansen und vom Johannes B. Grünwald. Dann noch von Zeitungen, den Radio-Leuten, vom Hörfunk ganz zu schweigen, und von Ihrer Frau. Wenn Sie da nicht ganz genau aufpassen, dann werden Sie ganz schnell an die Fabel erinnert, wo es heißt, man soll eben das Fell des Bären nicht erlegen, bevor der Bär selbst nicht in den Brunnen nach Athen ... äh ... geschwommen ist.

BR

Und darum möchte ich Ihnen einmal demonstrieren, wie sich der geübte Politiker im Interview verhält. Dazu brauche ich jemand, der kurz die Anne Müll ... die Eva Herrmansen macht. Keine Angst, die Fragen habe ich hier auf dieser Karte, die habe ich vorbereitet wie früher beim Bayerischen Rundfunk. Sie müssen also gar keine intellektuelle Eigenleistung erbringen, das hab ich schon für Sie erledigt! Wer ist denn so freundlich, oder muss ich erst drohen?

Eine Freiwillige ist gefunden. Sie kommt auf die Bühne, kurze Vorstellung. Dann nehmen beide auf je einem Stuhl Platz.

Stoiber: Wie war noch mal die Antwort auf die erste Frage? Ah, weiß schon wieder ... Sie können anfangen!

Dame: *(liest ab)* Herr Ministerpräsident des ehemaligen Bayern, sehr geehrter Herr Stoiber ...

Stoiber: Ministerpräsident reicht.

Dame: Wie beurteilen Sie nach Ihrer erfolgreichen Amtszeit, die die Leistungen aller Ihrer Vorgänger weit in den Schatten stellt, die unzulängliche Arbeit Ihrer Nachfolger?

Stoiber: Sie haben das sehr fein beobachtet und sauber recherchiert. Ich gebe Ihnen recht: Bayern ist unter meiner Regierungszeit zum erfolgreichsten aller Bundesländer Deutschlands geworden. Ich muss Ihnen allerdings in **einem** Punkt widersprechen: Die Arbeit meiner Nachfolger baute ja genau auf diesem Erfolg auf, insofern sind deren Erfolge **meine** Erfolge und deren Fehler ... deren Fehler.

(zum Publikum)

Haben Sie's gemerkt? Wenn ein Journalist recht hat, kann man das durchaus zugestehen. Man sollte sich jedoch nie mit dem Pack gemein machen und sie ordentlich in die Schranken weisen, wenn sie daneben liegen. Die nächste Frage, bitte! *(souffliert:)* »Welche Bedeutung hat Franz Josef Strauß ...«

Dame: Welche Bedeutung hat Franz Josef Strauß für Ihr politisches Credo?

Stoiber: Ich bin Ihnen sehr dankbar für diese Frage. Die politische Hinterlassenschaft von Franz Josef Strauß – das ist ja praktisch Monika Hohlmeier. Sie verkörpert doch wie keine zweite die schwarze Seele unserer Partei, sie versteht es perfekt, Menschen auch emotional sehr zu bewegen und hat im Laufe ihrer politischen Karriere immer wieder bewiesen, wie wirkungsvoll sie gerade auch innerhalb der CSU intrigieren ... äh ... integrieren kann. Indem wir Monika Hohlmeier zum europäischen Gesicht der CSU machen, setzen wir letztendlich gentechnisch auf das Comeback von Franz Josef Strauß auf internationaler Bühne.

Dame: Kann es sein, dass Sie so freundlich über Monika Hohlmeier sprechen, weil sie Kenntnisse über Sie hat, die Sie lieber nicht in der Zeitung lesen wollen?

Stoiber: *(stutzt. Dann nimmt er der Dame den Zettel aus der Hand.)* Steht das wirklich da? Hab ich das wirklich hingeschrieben? Ach ja, stimmt ... Ich will demonstrieren, wie man gelassen mit Provokationen umgeht ...

Meine liebe junge Frau ... Ihre mangelnde Erfahrung in Ihrem Beruf ist wohl der Grund, eine derart törichte Frage zu stellen. Ich habe keinerlei dunkle Punkte auf meiner weißen … Vergangenheit, folglich muss ich auch keinerlei Enthüllungen fürchten. Außerdem weiß ich viel mehr über die als die über mich. Also, Fräulein, noch so eine unsachliche Frage und ich breche das Gespräch ab!!!

(ins Publikum, begeistert:)

Haben Sie's gesehen? **Zack!** Das hat gesessen. **So** macht man das! Ha! Mensch, bin ich in Form! *(zur Dame:)* Also: nächste Frage: Was halten Sie von Frauen …

Dame: Was halten Sie von Frauen in der Politik?

Stoiber: Ja, schauen Sie, Frau Dings, Sie sind ja auch so eine Art Frau … Ich habe nichts gegen Frauen, sie sind das Beste in ihrer Art. Aber wenn ich an diese … Claudia Roth denke! Ich sage Ihnen, jedesmal wenn ich diese Person aus Augsburg sehe, dann frage ich mich, ob man nicht besser der Übersichtlichkeit halber das gesamte bayerische Schwaben an Baden-Württemberg abtreten sollte.

Oder ob der Islam nicht doch auch was Gutes hat, weil in Saudi-Arabien werden Frauen wie die Roth in eine Burka gesteckt, und in der Politik mitreden dürfen's eh nicht, und das ist zwar grundsätzlich auf das Schärfste zu verurteilen, aber im Fall von Frau Roth wäre es auch außerordentlich segensreich!

Natürlich ist gegen attraktive … äh … aktive Frauen in der Politik im Allgemeinen überhaupt nichts zu sagen. Das sogenannte schwache Geschlecht bringt natürlich auch wichtige Eigenschaften in die Politik mit ein. Und lassen Sie mich das auch als Mann mit außerordentlich großer Erfahrung mit gerade auch weiblichen Politikerinnen hier einmal sagen: Männer arbeiten in der Politik oft mit Ellenbogen, sind intrigant, benutzen schmutzige Methoden und haben letzten Endes nur ihre eigene Karriere im Kopf. Frauen sind da anders: Ihnen geht es um die Sache, mit Parteifreunden und anderen Gegnern gehen sie sanft und warmherzig um, und Ehrlichkeit steht bei ihnen stets an erster Stelle. Und da gibt es zahlreiche Beispiele, das ist eine lange Liste, die mit Monika Hohlmeier anfängt und mit Andrea Nahles und dieser Frau Ypsilon noch längst nicht aufhört!

Gewissermaßen gilt natürlich auch bei Frauen, dass es in ihrem Fall verschiedene gibt. Natürlich freuen wir uns auch in Bayern, dass wir hier einige normal sich verhaltende Politikerinnen haben. Die normal sich verhaltende Politikerin lebt in ihrem Ministerium, geht niemals raus und gibt vielleicht ein bis zwei Interviews im Jahr. Wir haben dann einen Unterschied zwischen der normal sich verhaltenden Politikerin, der Schadpolitikerin und der Problempolitikerin.

Und damit bin ich bei dieser selbst ernannten Jeanne d'Arc aus Zirndorf, dieser fränkischen Eheberaterin in Spülhandschuhen, dieser ... Pauli. Und es ist ganz klar, dass es sich bei dieser Politikerin um eine Problempolitikerin handelt. Und dass Sie es wagen, Frau Dings, nach so langer Zeit diesem Flietscherl eine Plattform zu bieten, ist eine Unverschämtheit! Sie wäre längst vergessen, wenn nicht sogenannte Journalisten wie Sie immer wieder auf solchen Skandalweibern herumreiten würden. Überlassen Sie das gefälligst denen, die es können, nämlich den Männern und damit mir! Ich danke Ihnen für dieses Gespräch!

Ein Applaus für die tapfere Journalistin, die wieder zurück zu ihrem Platz geht …

Hier, vorne rechts in meinem Kopf, gleich neben dem Übungsraum von Meggy Montana, da befindet sich die Asservatenkammer meiner Auszeichnungen und Preise. Bewundern Sie bitte den »Orden wider die Neidhammel«, den ich aus der Hand von Carolin Reiber entgegennehmen durfte. Oder hier, diese schöne Urkunde: meine Aufnahme in die Karl-Valentin-Gesellschaft! Den »Orden wider den tierischen Ernst« hat zwar Edmund Stoiber, ich aber nicht. Bei einer Fernsehaufzeichnung in Aachen durfte ich dabei sein – aber Preisträger Mario Adorf wollte nicht, dass ich den Stoiber mache. Also gab ich den Postboten mit seinen veralteten Stimmen und wurde prompt aus der Sendung herausgeschnitten.

Im Jahr 2011 bekam ich den Kulturpreis meiner Heimatstadt Kaufbeuren, und zwar aus der Hand von Edmund Stoiber! Er hielt tatsächlich eine Laudatio auf sein Double, die ich aber hier aus vorgegaukelter Bescheidenheit nicht abdrucken lasse.

Meine Aufgabe war es, mit einer kleinen Rede auf diese Laudatio zu reagieren. Und dabei ist mir eingefallen, dass mir die Staatskanzlei zwei Pointen geschenkt hat. Eines Tages rief ich den Stoiber-Büroleiter Rainer Haselbeck an, der sich gerade über ein sehr gutes Wahlergebnis gefreut hat: »Das höchste Wahlergebnis außerhalb von Diktaturen! Uns hätte beinahe der Putin angerufen mit der Frage: Du auch?«

Ich habe gefragt, ob ich das verwenden darf – und ich verwende es bis heute. Deshalb habe ich mich revanchiert und in meiner Dankesrede Stoiber mit einigen seiner besten Pointen zitiert. Doch, die gibt es. Nicht viel, aber sie gibt es.

Wolfgang Krebs: Dankesrede (Kulturpreis 2011)

Meine sehr verehrten Damen und Herren, sehr geehrter Ministerpräsident des ehemaligen Bayern, lieber Landesvater der Herzen!

Ich bin außerordentlich gerührt und erfreut, den Kulturpreis der Stadt Kaufbeuren zu erhalten, und noch dazu aus **Ihrer** Hand! Denn wenn es Sie nicht gäbe, gäbe es auch mich nicht!

Sie haben vor Kurzem gesagt, dass man Erfolg nie alleine hat, dass immer auch andere dazugehören. Und genauso ist es auch bei mir. Was wäre ich ohne die Hilfe von anderen? Von Beckstein, Seehofer, Beckenbauer?

Wobei, ich gebe es gerne zu: In meinen Programmen kommen ja mehrere berühmte Menschen vor, aber wenn **Sie** auftreten, dann gibt es immer den größten Applaus! Und ich denke mir: Mei, die klatschen und trampeln, dabei bin ich ja nur die Kopie!

Was wäre erst los, wenn das **Original** auftreten würde? Aber glücklicherweise sind Sie offenbar zu teuer, drum nehmen die immer mich. Sie verlangen vermutlich so viel wie der Bill Clinton, und ich bitte Sie sehr herzlich: Gehen Sie niemals mit der Gage nach unten! So hat meine Familie immer ein warmes Mittagessen …

Liebe Stadträte, liebe Bürgermeister, lieber OB Stefan Bosse: **Danke** an meine Heimatstadt Kaufbeuren! Ich sage es, wie es ein berühmter Staatsmann vor mir gesagt hat: Ich bin ein Kaufbeurer!

Ein bisserl komisch ist das heute schon, dass die Kopie einen Preis bekommt aus der Hand des Originals.

Stellen Sie sich vor, wie das woanders ausschauen würde. Da müsste dann der Geschäftsführer von Siemens nach China fahren und sich dafür bedanken, dass die alles so schön nachgemacht haben.

Nein, nein, das geht nur in den zwei Berufsgruppen, die als Hauptaufgabe haben, das Publikum zu unterhalten und abzulenken, nämlich Kabarett und Politik.

Ich weiß nicht, wie es Ihnen geht, Herr Stoiber, aber bei mir ist das mittlerweile so: Ich weiß gar nicht mehr, welche Textpassagen von mir sind, und welche von Ihnen! Ich hab mir da was aufgeschrieben, und ich bitte Sie, mir da zu helfen …

Hier, ein schöner Satz: »Im deutschen Fernsehen gibt es nur noch kaputte Familien. Die einzige halbwegs normale Familie, das sind die Simpsons!«

Der ist von mir, oder? … Von **Ihnen**? Super, darf ich den verwenden?

Oder dieser: »Meine Frau und ich, wir haben beide Humor. Sie in der Praxis, ich in der Theorie.«

Auch von Ihnen? Herr Stoiber, darf ich »Herr Kollege« sagen?

Noch einer: »Liberalität heißt doch nicht, für alles offen zu sein! Wer für alles offen ist, ist nicht ganz dicht!«

Ein letzter: FDP! Amal ehrlich Hand hoch, wer die gewählt hat. Sixtas: koana! Früher haben wir immer gedacht, des hoaßt »**F**ür **D**ie **P**reissn«!

Ha! Der ist von mir, aber den überlasse ich Ihnen gerne.

Liebe Festgäste, lieber langjähriger Landesvater, es ist ja noch nicht allzu lange her, da haben wir Ihren 70. Geburtstag gefeiert. Im Prinzregententheater. Eine sehr schöne Feier war das, ich hab dabei sein dürfen: Barroso hat gesprochen und die Bundeskanzlerin und Uli Hoeneß ... und Ihr ehemaliger Lehrbub Horst Seehofer. Kaum jemand, der heute Abend hier ist, war damals dabei, und damit wir **alle** in den Genuss kommen, darf ich hier fast aus dem Gedächtnis die Rede zitieren.

(Seehofer) Liebe schwarze Brüderinnen und Brüder, sehr verehrte Damen und Herren, liebes Geburtstagskind, folglich ... hähä ... lieber Edmund!

Ich bin keiner, der sich seine Regeln heute so macht und morgen so! Mein Wahlspruch lautet: entweder konsequent oder inkonsequent, aber nicht dieses dauernde Hin und Her!

Man muss in der Politik auch Mut haben. Alleine durch meine Entscheidung, Christine Haderthauer ins Kabinett zu holen, habe ich genug Mut bewiesen. Und ich weiß: Erfolg in der Politik hat nur, wer konsequent an einmal getroffenen Fehlentscheidungen festhält.

Ich habe nichts gegen Frauen in der Politik, aber immer wenn ich an diese Claudia Roth denke, immer wenn ich an diese Person aus Augsburg denke, dann frage ich mich, ob man nicht der Einfachheit halber ganz Bayerisch Schwaben an Baden Württemberg abtreten soll. Will die doch die Kruzifixe abhängen lassen. Ich sage Euch, wer bereit ist, die Kruzifixe von der Wand zu nehmen, der wird eines Tages auch bereit sein, das Bild des Bayerischen Ministerpräsidenten abzuhängen.

Wir von der CSU haben uns jetzt auf neue Zielgruppen in der Integrationsproblematik festgelegt: Ich fordere jetzt sofort den Zuwanderungsstopp von Preißen und Grünen nach Bayern! Wer sich nicht in einer Lederhosen an unsere Stammtische setzt, und wer kein Bayerisch spricht … wer kein Bier trinkt und keinen Schweinsbraten isst, kurz: Wer keine CSU wählt, der hat in unserem Land nichts verloren! Freunde, **ich** hab recht, **ich** bin ein Bayer und damit von Geburt an unfehlbar! Bei uns in Bayern gilt immer noch das Alte Testament und nicht das Grundgesetz, liebe Kreuzritter!

Aber, reden wir nicht von mir, sondern von dir, lieber Edmund. Wir beide haben viel gemeinsam: blendendes Aussehen, messerscharfe Intelligenz, geschliffene Rhetorik – und einen Stellvertreter, der für uns die Termine wahrnimmt, für die wir beide keine Zeit haben: Wolfgang Krebs.

Wenn **er** einmal selber zur Wahl stehen würde, können wir jetzt schon sagen: **Unsere** Stimme hat er!

Sie stauben zwar schnell ein, aber sie machen auch enorm etwas her: meine Preise und Auszeichnungen! In meinem Wohnzimmer findet man sie nicht, nur im kleinen Abstellkammerl in meinem Kopf. Aber ich erlaube mir, gelegentlich stolz darauf zu sein – wie auf meinen gesamten Werdegang. Denken Sie immer daran, dass Sie ein Buch in der Hand halten, das von einem komplexbeladenen, halbblinden Hauptschüler verfasst wurde, der auf dem zweiten Bildungsweg vom offenbar doch nicht rechten anderen abgekommen ist, der bei Radio Allgäu Nachrichten verlesen, zeitweise Kartenspiele verkauft und dann TV-Werbezeiten für RTL2 und Pro Sieben an den Mann gebracht hat. Nicht unerwähnt bleiben dürfen zwei prächtige Söhne und ein Haus mit selbst angelegtem Garten, der vor allem meinen Wutanfällen zu verdanken ist. Wenn ich wütend bin, bekommt es der Garten zu spüren. Manchmal muss eine Hecke dran glauben. Meinen Swimmingpool habe ich in wenigen Stunden angelegt. Den Anlass dafür weiß ich noch, verrate ihn aber nicht.

Nicht schlecht, oder? Immerhin werde ich heute oft auf der Straße erkannt und meistens mit Helmut Schleich verwechselt. Und ich bin immer noch mit meinen ehemaligen Postkollegen befreundet.

Da wird man sich ja wohl auch ein paar kleine Eigenheiten herausnehmen dürfen! Wenn Sie mich verpflichten, für Ihre Hochzeit oder ein Betriebsjubiläum, dann bitte ich ganz bescheiden darum, ein paar kleine Wünsche zu erfüllen …

Bühnenanweisung

Hinter der Bühne ist mit Wolfgang Krebs nicht zu spaßen! Folgende Voraussetzungen müssen für einen Auftritt gegeben sein:

Umkleidekabine mit folgenden Mindestabmessungen: 7,73 Meter Breite und 5,47 Meter Länge. Mindestraumhöhe der Garderobe: 5,51 Meter und Mindesthelligkeit 37 802 Lux.

Zwei kräftige und gut aussehende, schusssichere Bodyguards vor der Türe, die darüber hinaus den Pisa-Test erfolgreich bestanden haben und im Ernstfall fließend Lateinisch sprechen können.

Zwei Trompetenbläser in der Garderobe, die folgendes Repertoire auf Zuruf spielen können: Bayernhymne, Bayerischer Defiliermarsch und *Killing me softly*!

Ferner müssen in der Garderobe eine frisch gebügelte Standarte des Freistaats Bayern, ein paar Gummihandschuhe und ein Zehnliterkübel bereitgestellt sein.

Der Weg von der Garderobe zur Bühne darf nicht länger als neun Meter betragen. Dieser Weg ist mit Hostessen Klasse 1a (nicht unter 1,75 Meter Körpergröße und nicht über 60 Kilogramm Gewicht) zu pflastern, die dem Künstler unaufgefordert mit weißblauen Fahnen zuwinken, auf Kommando kreischen und auf Wunsch frenetisch an die Tür hämmern.

Hinter der Bühne müssen eine abwaschbare Couch aus blauem Schweinsleder bereitstehen und ein Nachtkästchen, dessen Anforderungen für den Inhalt Ihnen mit diskreter Post zugeht.

Folgende Getränke dürfen für die zwölfköpfige Wahlkrampftruppe*, die unseren Künstler permanent begleitet, niemals ausgehen:

- Kaiser Maximilian Leichte Weiße der Aktienbrauerei Kaufbeuren
- Köstritzer Schwarzbier
- Grüner Tee aus ökologischem Anbau und Putenbrustweißwürste aus dem Unterallgäu
- Dazu knackig frische Salate und mildes Sauerkraut aus Bayern.

Die Maskenbilderin benötigt eine eigene Garderobe mit fließendem Prosecco und heißer Cappuccino-Versorgung. Milch geschüttelt, nicht gerührt! Dazu eine Auswahl griechischer Schokoschnittchen.

Zuwiderhandlungen haben die sofortige Abreise der Maskenbildnerin oder des Künstlers zur Folge.

* *Die zwölfköpfige Wahlkrampftruppe besteht aus: einem Fitnesstrainer für tantrische Wassersportarten, einer Fitnesstrainerin für Trockenübungen, dem Vorsitzenden des bayerischen Blasmusikverbandes, einem seltenen Exemplar eines Bayern-SPD-Wählers für hirnlose Rededuelle, einem noch selteneren Exemplar eines bayerischen Grünen-Wählers für niveaulose Handgreiflichkeiten, der besten aller Maskenbildnerinnen, der besten Freundin der besten aller Maskenbildnerinnen, dem Freund des besten Freundes der besten Freundin der besten aller Maskenbildnerinnen, einem Trainer für vogelartige Kopfbewegungen aus Grünwald, einem arbeitslosen Passauer Verhaltensforscher für Schreikrämpfe und Oktavensprünge, dem Manager des Managers des Künstlers, dem Rechtsanwalt der Frau des Künstlers.*

Im Jahr 2010 wurde ich zu einem Geheimgespräch in das Foyer des Hotels Bayerischer Hof am Münchner Promenadeplatz gebeten. Wenn man reinkommt, vorne links. Da saß früher immer Leo Kirch und hat folgenreiche Gespräche geführt.

*Das »Nockherberg«-Team um Eva Demmelhuber hatte die Arbeit niedergelegt – wegen einer Auseinandersetzung im Vorjahr – und »Bully Herbig«-Autor Alfons Biedermann übernahm. Er wollte mich als Seehofer, und ich war geschmeichelt. Was ich noch nicht wusste: Der Nockherberg, das ist harte Arbeit mit vielen, vielen Proben. Das heißt: An diesen Tagen fällt man für alles andere aus, gerade noch mein »*quer*«-Auftritt und die Radio-Rubrik konnten absolviert werden. Außerdem ist man komplett fremdgesteuert und hat Texte vorzutragen, die andere geschrieben haben. Extrawürste gibt es da nicht, schließlich ist man Bestandteil des »Singspiels«, und damit eines empfindlichen Gebildes.*

Drei Jahre habe ich das gern gemacht. Nach zwei Jahren übernahm Marcus H. Rosenmüller, bekannt durch seine geniale bayerische Filmkomödie »Wer früher stirbt, ist länger tot«. Im ersten Jahr ging alles gut. Man muss an dieser Stelle betonen, dass es, wie oft in meinem Beruf, keine Verträge gibt, im besten Fall mündliche Absprachen, manchmal noch nicht einmal die. Eines Abends bekam ich das Buch für den Nockherberg 2014, las es durch und mochte es nicht leiden. Noch in der Nacht habe ich den Verantwortlichen mitgeteilt, dass ich nicht mitmachen möchte.

Ein Sturm aus Entrüstung, Halbwahrheiten und Irritationen brach los. Meine Erklärungen, es gäbe keine vertragliche Abmachung und keine schnellere Form der Reaktion, blieben ungehört und unerwünscht.

Und so nahm ich leichten Herzens Abschied von dieser Veranstaltung – immerhin die BR-Sendung mit der höchsten Einschaltquote des Jahres. Kollege Christoph Zrenner übernahm den Part – er war früher schon einmal der Seehofer und schlüpfte in eine vertraute Haut.

Der Zwist ist längst beigelegt, zu Disharmonie über 24 Stunden hinaus bin ich ohnehin nicht fähig. Am Nockherberg war ich dann doch beteiligt, über den Umweg »Landtagskantine«.

Landtagskantine: Schatten überm Nockherberg

Beckstein: Serwasla, Edmund! Du bistas doch, Edmund, oder? Oder bistas amend net, sondern nur dei Duubl?

Stoiber: Bitte was? Was ist mit deinem Dübel? Günther, rede bitte nicht so onduliert daher, sondern klar und vertraulich, ich meine vergeblich, also verständlich, so wie ich!

Beckstein: Nächste Woche ist doch der Anstich. Drohm aufm Berch. Wo die andern so ausschaun wie mir. Und do wolldi halt nur amoll a weng fraachn, ob du noch du bist oder scho dei Duubl.

Seehofer: Mahlzeit, Männer! Wenn ich da kurz aus dem Fränkischen übersetzen darf, Edmund: Der Günther meint den Nockherberg! Das Derblecken!

Stoiber: Ja natürlich! Ich habe zwar nichts verstanden, aber davon wiederum alles richtig! Das Verbergen auf dem Nockerbleck! Sehr lustig! Das macht er schon sehr gut, der Hildebrandt! Vor allem den Strauß! Oder diese anderen beiden da, den Dings und den anderen!

Beckstein: Die Duubls sinn fei guud! Do wass mer nie so genau ... Grod bei dir, Edmund ... Bist du's noch oder scho nimmer?

Seehofer: Das werden wir ganz schnell herausfinden! Wir machen den Stoiber-Test! Edmund, was ist der Vorteil vom Transrapid!

Stoiber: Er stellt die rascheste Verbindung dar vom Münchner Hauptbahnhof zum Flughafen, zumal auch das zeitraubende Einchecken entfällt.

Beckstein: *(entsetzt)* Da! Mir sind Opfer einer bösartichen Däuschung geworden! Man hat unseren lieben Edmund durch einen Dobbelgänger ersetzt! Weiche von uns, Saddanas! Und dreibe dein Unwesen auf dem Noggerberch!

Seehofer: Beruhige dich, Günther, das kann auch nur ein Aussetzer gewesen sein. Edmund, wie lange dauert denn die Fahrt mit dem Transrapid?

Stoiber: Wenn Sie vom Hauptbahnhof in München mit zehn Minuten ohne dass Sie am Flughafen noch einchecken müssen, dann starten Sie im Grunde genommen am Flughafen am ... am Hauptbahnhof in München starten Sie Ihren Flug. Zehn Minuten!

Seehofer: Na bitte!

Beckstein: Sehr gut! Die Kopien – die gehören auf den Noggerberch ...

Seehofer: ... und die Originale sind und bleiben in der Landtagskantine!

Stoiber: In zehn Minuten!

Der Nockherberg war und ist davor und danach Gesprächsthema in ganz Bayern. Und somit ideales Gesprächsthema in der Landtagskantine. Als in einem Singspiel eine Liaison zwischen Ilse Aigner und Markus Söder behauptet wurde, kam es zu folgender Konversation.

Landtagskantine: Skandal im Kabinett

Beckstein: Herhörn, Leude! Habter's scho köhrt? Der Söder und die Aichner – die ham wos miteinander!

Stoiber: Ich versteh kein Wort. Ist ein Dolmetscher da?

Beckstein: Ehrlich wohr! Der Söder und die Aichner! Ich habmer's scho immer a weng gedacht ...

Stoiber: Der Söder und die Aichner? Weißt du das aus quicherer Salle? Sicherer Qualle? Quelle wollt ich sichern. Äh ... sagen ...

Beckstein: No ja ... sicher ist die Quelle nicht ... im Fernsehn hobbis halt gsehn ... Diese Aichner! Erst hats Keime auf der Gurke, dann Pferde in der Nudel, und jetzt den Söder im ...

Stoiber: Günther! Du vergissest dich!

Beckstein: ... im Visier, wollti sachn! Noja, warum net, gell? Schließlich heißt's ja auch »Kabinett«. Und in am Kabinett, da geht's ja so zu wie in am Sebbaree, net wohr ...

Seehofer: Mahlzeit Männer! **Das** war vielleicht eine Woche! Erst der Papst, dann der Nockherberg und jetzt auch noch die Kantine ... Was ist los? Ich bin Zeuge!

Stoiber: Stell dir vor, mein lieber Seefahrer … im Kabinett geht es zu wie im Separee! Der Dings hat es erzählt, der Günther Beckbau! Der Franz Becksteiner! Er weiß es aus sicherer Qualle!

Seehofer: Günther, berichte mir. Ich tu mir mit Fränkisch leichter als mit Stoiberisch.

Beckstein: Also etzatla bass amoll a wengala auf …

Seehofer: Ich glaube, ich bereue es schon …

Beckstein: Der Söder hot a weng a Dechdlmechdl mit der Ilse Aichner. Im Fernsehn hammsa's gebracht.

Seehofer: Das ist rrrrichtig. Aber das war beim Starkbieranstich auf dem Nockherberg!

Beckstein: Na also! Dann stimmts! Kinder und Betrunkene sachn die Wahrheit!

Stoiber: Da hat er recht, der Dings! Auf das junge Glück! Mahlzeit!

Seehofer: *(seufzend)* Und so etwas hat einmal unser Bayern regiert. Mahlzeit …

Ilse Aigner bin ich etliche Male begegnet – und so habe ich mich sehr gefreut, dass ich eingeladen wurde, für sie eine Geburtstagsrede zu halten. Am 7. Dezember 2014 feierte sie ihren Fünfzigsten in der CSU-Zentrale in der Nymphenburger Straße in München. Edmund Stoiber erschien mir hierfür als die passendste Figur. Diesmal irrte sich der Ministerpräsident der Herzen aber nicht im Anlass, sondern im Geburtsjahr. Nach einem kleinen Handy-Telefonat aber konnte das Missverständnis aufgeklärt werden …

Ilse Aigner zum Fünfzigsten

Meine sehr verehrten Damen und Dings, liebe Frau Bundeskanzlerin, liebe Festgäste, liebe Starkbierkönigin, liebe Steigbügelhalter.

Heute ist ein Tag der Dankbarkeit, der Freude und Gemeinsamkeit. Wir haben uns heute hier im Schloss Nymphenburg versammelt, um ein Geburtstagskind … zu bekommen – ein ganz besonders reizvolles und schönes, stammt es doch aus demselben Leib wie ich. Also aus demselben Mutterdings. Vaterland. Also aus dem Landkreis Rosenheim. Liebe Ilse Aigner, unsere beiden Köpfe sind aus demselben Holz geschnitzt. Aus dem Holz der Rosenheimer Parketteiche, deren Erscheinungsform als Fußbodenbelag heute in vielen hohen Häusern mit Füßen getreten wird. Und darauf dürfen wir beide stolz sein, meine Damen und Dings!

Wir sind heute hier zusammengekommen, um geduldig auf etwas Essbares zu warten – nein, falsch, um einen Geburtstag hochleben zu lassen. Also beziehungsweise dessen Kind. Denn genau heute vor 29 Jahren hat Ilse Aigner das Licht ... Moment amal ... vor 29 Jahren ... mir hat man gesagt, das ist ein **runder** Geburtstag. Ich mein, ich weck doch nicht in aller Herrgottsfrüh meinen Chauffeur, dass der mich zu einem 29. Geburtstag fährt.

Ja, es tut mir sehr leid, aber Sie sind alle ein Jahr zu früh da. Wir treffen uns am 7. Dezember 2015 und feiern den 30.! Und damit ist das Büfett eröffnet!

Moment, dass ich mir da auch ganz sicher bin ... Des werden wir gleich haben ...

(Handy)

Herr Haselbeck, grüß Gott, hier ist Stoiber. Stoiber mit o-i. Sang S' amal, Sie schicken mich da zu einem Geburtstag, und dabei ist der gar nicht rund! 29! Das ist ja noch nicht einmal im **Ansatz** rund, also die Zwei vielleicht schon, aber die Neun doch nicht! Ich hab mich schon von Anfang an gewundert. 29! In dem Alter haben wir doch niemand in der CSU, da sind die doch alle noch in der Jungen Union oder in der Studentenverbindung.

(hört zu)

Ach so ... vor 29 Jahren in die CSU eingetreten ... naja, aber das **ist** doch der Geburtstag ... ach, Sie meinen den anderen ... wie schaut's denn beim anderen aus ...? Ach so! Ja, **das** ist rund, da hab ich natürlich recht gehabt! Trotzdem in Zukunft ein bisserl besser aufpassen bitte, gell? So, und jetzt stören Sie mich bitte nicht weiter, ich bin ja nicht zum Vergnügen hier.

(legt auf)

Jetzt simmer beieinander! Wir feiern also heute tatsächlich einen runden Geburtstag, und ich darf aus diesem Grund zum vertrauten Du übergehen? – Also, liebe Frau Aigner, weil es sich bei Ihnen um eine Dame handelt, verraten wir Ihr Alter natürlich nicht. Ich weiß noch genau, wo ich war, als Sie damals vor 50 Jahren geboren worden sind. Ich hatte gerade meine Schulzeit hinter mir ... ich hatte mir da, gründlich wie ich bin, zehn Jahre statt der üblichen neun Jahre Zeit gelassen ... Die siebte Klasse waren die zwei schönsten Jahre meines Lebens ... und ich war 1964 ein junger, hoffnungsfroher, blendend aussehender Student an der Universität München. Nur noch wenige Jahre, und ich sollte entdeckt werden von dem zweitgrößten aller bayerischen Ministerpräsidenten ... von dem Mann, der so heißt wie unser Flughafen ... nämlich vom Kardinal Freising. Nein, vom Kardinal Strauß. Von Franz Josef Strauß.

Aber reden wir nicht von mir, reden wir lieber von Ihnen, sehr geehrte Geburtstagstochter. Ich kann mich noch gut erinnern, als wir uns zum ersten Mal begegnet sind. Es war morgens oder abends mitten im Dings. Unvergesslich. Wir haben ja so viel gemeinsam! Unser gemeinsames Rosenheimer Kerbholz. Unsere Liebe zur CSU/CSU. Die besondere Schreibweise unserer Nachnamen. Ich mit o-i, Sie mit A-i. Damit man Sie nicht mit dem Anteils-Eigner verwechselt. Oder der Eigner-Nordwand. Und uns beide verbindet, dass wir beide in der Öffentlichkeit mit unserem Mädchennamen bekannt sind.

Ilse Aigner wurde geboren von 1964 bis 1981. Halt, falsch *(schaut auf dem Zettel nach)* ... das war schon die Mittlere Reife ... Das kommt davon, wenn man improvisiert! Denn nichts ist schlimmer, als wenn ein Redner *(liest vom Zettel ab)* ... immer vom Zettel abliest.

In der Zeit von 1964 bis 1981 wurde aus Ilse Aigner erst eine Gymnasiastin und dann eine Mittel-Reife, also eine mittlere Reife – und schließlich, und das bewundere ich sehr, eine Radio- und Fernsehtechnikerin. Sagenhaft! Wir alle wissen, wie kostbar solche Menschen sind, gerade vor Länderspielen oder CSU-Parteitagsübertragungen! Wer von uns hat so jemanden in seinem Bekanntenkreis? Wir haben sie sogar in unserer Partei! Wir haben immer Empfang! Wir versenden uns unentwegt, Tag und Nacht! Wir stehen immer unter Strom! Bei der SPD haben sie ein paar, die können sich gut im Fernseher präsentieren, aber wir können ihn reparieren!

Gehen wir zurück in die 80er-Jahre. Damals waren die Fernseher noch sehr dick und einige von Ihnen sehr dünn. Heute sind ja die Fernseher dünn und ... aber lassen wir das. Aber dieses entzückende Wesen beschäftigte sich nicht nur mit Lötschrauben und Kabellampen. Nein, die junge Ilse interessierte sich schon frühzeitig für Politik. Das müssen Sie sich bitte einmal auf der Zunge vorstellen: ein Leben zwischen Fernsehprogramm und Parteiprogramm! Denn das zeichnet die großen Politiker ja aus, dass sie Doppelbegabungen sind! Immer nur intrigieren und manipulieren, den ganzen Tag, das hält ja kein Mensch aus! Da können Sie froh sein, wenn Sie nebenbei auch noch den einen Transistor gegen den anderen ausspielen können!

Nehmen Sie mich! Immer eine Doppelbegabung! Ich war ja nicht nur General, ich war auch gleichzeitig Sekretär! Oder nehmen Sie den alten Geheimrat

Goethe! Der war Minister in Weimar, aber er hat nebenher auch noch geistig gearbeitet!

Liebe Frau Ilse, bei aller Bewunderung ... aber **eines** ist dann schon sehr erstaunlich. Im Alter von 29 treten Sie in die CSU ein. Was haben Sie sich denn die ganze Zeit vorher gedacht? Ich weiß, dass Sie sich weitergebildet haben, Sie waren in der Entwicklung von Systemelektronik für Hubschrauber tätig. Das mag ja ein beruflicher Fortschritt gewesen sein, aber wo ist denn die Liebe zur Heimat geblieben? Mit 29 in die CSU – also ich muss schon sagen ... Wenn ich da an Markus Söder denke – der hat das mit 18 gemacht. Was war der Grund für Ihr Zögern und seine schnelle Entschlossenheit? War er einfach weniger anspruchsvoll?

Wir wollen Ihnen diesen Schönheitsfehler in Ihrer politischen Laufbahn aber gern verzeihen. Da gibt es Leute, die werden mit 73 Bundeskanzler. Gut, der war bei der CDU, aber warum soll man große Leistungen des politischen Gegners nicht anerkennen? Oder der andere da – da ist einer 72 und wird Bundespräsident. Und ein anderer ist 53 und ist plötzlich keiner mehr!

So ist das in der Politik! Ein dauerndes Hin und Hott! Heute bist du das Denkmal, morgen die Taube!

Aber kommen wir wieder zurück zu unserem eigentlichen Anlass, nämlich zu meiner ... vielmehr zu unserem Geburtstagsgeschenk. Ab dem Eintritt in die CSU/CSU hat sich für Ilse Aigner das Leben dramatisch verändert. Immer weniger Radios, dafür mehr Lautsprecher. Immer weniger Hubschrauber, dafür mehr Dienstflüge. Nachdem sie sich warmgelaufen hat – im Gemeinderat Feldkirchen-Westerham und im Kreistag Rosenheim –, da hat sie den großen Sprung geschafft, den auch ich in jungen Jahren gewagt habe: über den großen Schutzwall, der die Münchner vor den Rosenheimern schützen soll, über den Irschenberg. Aber Ilse Aigner und ich, wir haben es geschafft! Damals hat es da oben noch nicht die schottischen Fleischpflanzerl vom Old McDonald seiner Farm gegeben und auch noch kein Kaffee-Kaufhaus. Wir haben uns mit unserem Wanderstab, ohne Landkarte, per Mercedes ad apostulorum, haben wir uns über den steilen Gipfel bis vor die Tore Münchens durchgeschlagen, bei Eisesglut und Sonnenkälte! Erst ich und dann die Ilse. Und kaum war sie da, war sie schon Ausschuss. Für Bildung, Sport, Jugend und Elektrogeräte, denn sie ist ja nicht blöd.

Und bald hat sie gesagt: Meine lieben Landsleute in Bayern, ihr könnt mir glauben: Ihr seid mir wirklich lieb und teuer. Aber ich muss auch an meine Bekannten in Berlin denken! Und kurz darauf hat sie die schwere Aufgabe auf sich genommen und ist als Missionarin nach Berlin – eine Stadt, in der mit bayerischem Geld Kindersitze verschenkt werden! Das hat der Markus Söder bei Günther Jauch gesagt. Ich weiß, dass es nicht stimmt, aber es macht so einen Spaß, es zu sagen! Mit einem Flughafen, über dessen Eröffnungstermin auch der beste Hellseher keine Aussage machen will! Eine Stadt, die ohne Bayern nicht lebensfähig wäre, und demnächst will der Bürgermeister von Horst Seehofer vermutlich auch noch eine Niere!

In dieser Stadt, meine Damen und Dings, hat sich Ilse Aigner besser geschlagen als Sylvester Stallone in allen 20 Rocky-Filmen. Hier ein kleiner Auszug aus ihren Aufgaben, es gilt das gestammelte Wort:

- Obfrau der CDU/CSU-Fraktion in der Enquete-Kommission »Zukunft des Bürgerschaftlichen Engagements«
- Stellvertretende Landesvorsitzende der CSU-Landesgruppe
- Vorsitzende der Fraktionsarbeitsgruppe »Bildung und Forschung«
- Stellvertretendes Mitglied im Ausschuss für Tourismus
- Schriftführerin im Bundestag
- Berichterstatterin für den Einzelplan des Bundesministeriums für Verbraucherschutz, Ernährung und Landwirtschaft
- Beauftragte zur Überwachung für korrektes Einschenken von Latte macchiato in der Bundestagskantine
- Vorsitzende des Fördervereins zur Ersetzung des Wortes Pfannkuchen durch Krapfen – in Berlin ein Himmelfahrtskommando, meine Damen und Herren!

Das alles hat ihr einen 25-Stunden-Tag eingebracht. Und wenn jemand erwidert, dass der Tag nur 24 Stunden hat, sagt sie, dann steh ich eben eine Stunde früher auf. Damit man alle ihre Ämter auf eine Visitenkarte drucken konnte, musste extra ein neues Papierformat erfunden werden! Und dann, 2008, endlich neue Möbel. Also zumindest ein neuer Stuhl. Ein Ministerstuhl. Wer der Vorgänger war, weiß ich grad nicht … für Ernährung, Verbraucherschutz und Landwirtschaft. Man könnte denken, den Job kann doch jeder. Ernähren kann ich mich, ich bin Verbraucher, und auf dem Land war ich schon einmal in einer Wirtschaft.

Aber das reicht nicht, meine sehr verehrten Festgäste und Parteigänger. In der Politik muss man sich durchsetzen! Natürlich, weil das ja klar ist: Die bescheidenen Menschen wären die besseren Politiker – wenn sie nicht so bescheiden wären. Also braucht man Persönlichkeiten wie mich – und natürlich Ilse Dingsner –, die eingesehen haben, dass Demokratie die Notwendigkeit bedeutet, sich auch einmal den Meinungen anderer zu beugen. Aber das muss doch die Ausnahme bleiben, meine Damen und Herren!

Und die Stimme des bayerischen Löwen muss jeden Tag dem Berliner Bären in den Ohren klingen, darauf kommts doch an! Und da hat Ilse Aigner mit ihrem Rosenheimer Mezzosopran aber reihenweise die Brillengläser zerspringen lassen!

Seit einem Jahr haben wir sie wieder hier bei uns. Als Ministerin. Da rivalisiert sie im Glücklichsein mit Alexander Dobrindt. Denn der hat ja alles, was ein Mann sich wünscht: Digitales und Verkehr. Ilse Aigner hat Wirtschaft und Energie – und das, womit sie angefangen hat: Medien und Technologie.

Wenn Sie mit irgendetwas davon ein Problem haben, gehen Sie zu ihr. Wenn Ihr Fernseher nicht mehr läuft, oder Ihr Hubschrauber, dann auch.

Und gehen Sie heute noch den ganzen Tag zu ihr, um ihr zum Geburtstag zu gratulieren. Und danach kommen Sie zu mir, um **mir** zu gratulieren … dafür, dass ich in einem Bundesland leben darf, in dem wir **solche** Ministerinnen haben.

Auf die nächsten 29 Jahre in der CSU!

Alles Gute. Und danke, Ilse Aigner

Seit 2014 moderiere ich mit Chrissy Eixenberger zusammen die Sendung »Habe die Ehre« im Bayerischen Fernsehen. Es handelt sich dabei um eine Art Bayern-TÜV: Nichtbayerische prominente Gäste müssen sich einer Prüfung unterziehen und bekommen danach den ersehnten Bayern-Tauglichkeits-Stempel in den Pass gedonnert.

Da wird viel improvisiert, deshalb gibt's auch keine Texte, die man hier abdrucken könnte. Lediglich am Ende der Sendung, da verliest Edmund Stoiber in Form von mir ein paar Zeilen, die während der Sendung aufgeschrieben wurden. Es geht um eine Zusammenfassung der absolvierten Leistungen. Zwei dieser Zettel sind erhalten geblieben.

Der in der Schweiz lebende Sportkommentator Marcel Reif musste im Lauf der Sendung bayerische Trachten richtig zuordnen und ein Fußballspiel einordnen, dessen Mannschaften sich aus Schweinen zusammensetzten. Dafür wurden folgende Worte gefunden:

*»Habe die Ehre«
Beurteilung von Marcel Reif*

Mein lieber Herr Huberty,
Sie sind in Boxer-Kreisen nicht unumstritten. Auch bei den Freunden des Gewichthebens gehen die Meinungen auseinander, während Sie in der Welt des Mini-Golfs völlig unbekannt sind.

Das ist bedauerlich, denn Sport wird in Bayern groß geschrieben. Mit großem »S« und kleinem »port«. Ihre zweifellos vorhandenen Defizite aber werden auf fulminante Weise ausgeglichen durch Ihre Kompetenz in der bayerischen Trachtenkunde und Ihren souveränen Umgang mit Schweinen im Fußball. Oder Fußball in Schweinen.

Sie waren Korrespondent für das ZDF und haben es vermieden, die Reihenfolge der Wahlgewinner zu verfälschen, wie es nach Ihnen zum Alltag geworden ist. Und darum lege ich Ihnen dringend nahe: Überdenken Sie Ihr Verhältnis zur Schweiz und bedenken Sie: Auch in Bayern gibt es Franken! Und bestimmt irgendwo auch noch eine Jungfrau.

Ich darf Ihnen bestätigen: Sie sind nicht Hartmann. Sie sind nicht Rubenbauer. Aber Sie sind Reif. Und zwar für Bayern!

Ebenfalls noch vorhanden sind meine während der Sendung gemachten Notizen zu dem Tagesschau-Sprecher Jens Riewa. Er hatte ein Kinder-Foto mitgebracht, das den im Spreewald geborenen Jens in Lederhosen zeigt, und zugegeben, dass er den Champagner dem Bier vorzieht. Da er vor seinem Tagesschau-Leben Fluglotse war, musste er zwei bayerische Flugzeuge gleichzeitig landen lassen. Und er beeindruckte das Publikum mit seinem virtuosen Spiel des Baritonhorns. Edmund Stoiber beurteilte die Gesamtleistung folgendermaßen:

»Habe die Ehre«
Beurteilung von Jens Riewa

Mein lieber Herr Wickert,
Sie haben sich in der Lederhose für die Tagesschau beworben. Das ist löblich, aber auch selbstverständlich. Dass man Sie aber bis zum heutigen Tag nicht ein einziges Mal in diesem Kleidungsstück an Ihrem Arbeitsplatz gesehen hat, das ist ein Skandal! Somit wird Bayern systematisch aus Deutschlands wichtigster Nachrichtensendung eliminiert.

Wenn dann aber ein Politiker von Weltformat, so wie ich, ein Staatsmann mit paralytischem Verstand, vertraut mit dem internationalen Laminat, wenn da so ein Juwel aufs Schändlichste aus der politischen Landschaft herausgerissen wird, so wie ich – dann muss das natürlich an den langen Kirchturm gehängt werden!

Auf der anderen Seite, lieber Herr Nowottny, wenn jemand so versiert ins Bockshorn bläst ... wenn jemand beim Thema Landebahn beeindruckende Effizienz-

Effizienz beweist, dann darf sogar ein Champagner-Trinker – in einem bayerischen Biergarten – einen Biertisch aufstellen.

In diesem Sinne begrüße ich hiermit ein aufrichtig bemühtes … angemessen willfähriges und kritiklos Texte verlesendes brandenburgisches Bariton-Horn und mache Sie hiermit zum Sprecher aller ehemaligen Ministerpräsidenten, und damit auch von Horst Seehofer.

Damit es in Zukunft heißt: Hier ist das Bayerische Fernsehen mit der Tagesschau.

Zugaben

Und schon haben wir den Zugabenteil erreicht! Seit drei Programmen wird der folgende 90-Sekünder verabreicht. Sie lesen hier den Ur-Text, so wie er vor vier Jahren einmal aufgeschrieben wurde. Mittlerweile dauert das Werk doppelt so lang und kommt jeden Abend anders daher. Hysterische Lachanfälle im Publikum sind die Regel – was mir selbst das größte Rätsel ist. Denn so wahnsinnig weit von meiner eigenen Realität ist das gar nicht entfernt. Aber überzeugen Sie sich selbst.

Stoiber und der Anrufbeantworter

Stoiber drückt auf eine Taste des Anrufbeantworters.

Ja … äh … hallo … hier ist der Ministerpräsident des ehemaligen Bayern. Sie sprechen mit dem automatischen Anrufbeantworter von … äh … Edmund Stoiber. Stoiber mit o-i. Das heißt: Sie sprechen natürlich nicht wirklich mit ihm, ich spreche drauf und Sie hören zu. Ich bin im Moment nicht da, weil ich dringend weg muss. Aber eigentlich bin ich im Moment doch noch zu Hause und bespreche gerade dieses Band, aber gleich bin ich nicht mehr da. Am besten wärs, Sie täten mich jetzt gleich anrufen, denn jetzt bin ich noch da. Tja, leider … jetzt nicht mehr, aber eben grad vorhin war ich noch zu Hause und jetzt bin ich weg. Aber wenn Sie gleich noch einmal anrufen, bin ich wieder zurück. Falls ich gleich zurück bin, ansonsten bin ich noch weg. Nach dem Piepton können Sie eine Nachricht hinterlassen. Nicht länger als 30 Sekunden.

(ratlose Pause. Dann weiter:)

Wenn Sie eine Nachricht hinterlassen wollen, die länger ist als 30 Sekunden, zum Beispiel zwei Minuten oder auch fünf Minuten, dann … ja … dann müssen Sie vielleicht mehrere Male anrufen, um Ihre Nachricht stückweise auf das Band zu sprechen. Aber vielleicht bin ich dann auch wieder zu Hause und kann dann den letzten Teil der Nachricht selbst beantworten, verstehen Sie! Für den Rest der Nachricht werde ich dann zurückrufen. Wenn **Sie** dann zu Hause sind, natürlich. Wenn Sie keine Nachricht hinterlassen wollen …, dann müssen Sie die auch nicht auf Band sprechen. Wenn Sie aber doch eine Nachricht hinterlassen wollen, dann müssen Sie mich anrufen. Sie müssen mich natürlich nicht anrufen, weil … weil … weil das ja klar ist!

So, jetzt bin ich dann … äh … weg. Also, weg und nicht weg, verstehn Sie?

(weiß nun selbst nicht mehr weiter und spricht auf das Band:)

Wissen Sie was, ich werde zu Hause bleiben. Danke. Sie hörten den telefonischen Antwortbeanrufer von … äh … Edmund Stoiber. Stoiber mit o-i.

Ganz, ganz weit hinten in meinem Kopf – da steht der Giftschrank. Kommen Sie bitte mit, aber vorsichtig, hier ist es sehr staubig. Denn hier wird fast nie sauber gemacht. Ich selber halte mich ganz selten in diesem Winkel unter der Dachschräge auf. Nur manchmal. Um einen Text wegzuschließen, den ich für eine Aufführung als zweifelhaft oder verfrüht erachte. Wir öffnen die knarzende Safe-Tür, pusten den Staub vom Manuskript – und Sie werden eines Sketches angesichtig, der bislang nur ein einziges Mal zur Aufführung gekommen ist. Bei mir zu Hause, anlässlich meiner Hauseinweihung, vor lauter Freunden, die nichts mit meiner Branche zu tun haben. Die Ausgangsidee erklärt Ihnen der Künstler selbst.

50 Jahre »Otto«

Krebs: Wissen Sie, das ganze Programm, also alles, was der Stoiber und der Seehofer und die anderen so sagen – das ist natürlich alles ausgedacht. Das haben und hätten die **nie** so gesagt, weil das ja klar ist.
Jetzt aber muss ich **Ihnen** etwas erzählen – das ist wirklich wahr! Das ist wirklich passiert! So wahr ich der bayerische Ministerpräsident bin!
Ich bin ja ab und zu mal im Fernsehen, und da wird man zu den erstaunlichsten Sendungen eingeladen. Vor Kurzem sind sie auf eine großartige Idee gekommen: »50 Jahre Otto«! Also nicht der Versand, sondern der Ostfriese. Naheliegenderweise produziert von einem öffentlich-rechtlichen Sender in der Nähe von Ottos Heimat, also in München-Unterföhring.

Der Unterhaltungschef hat einen intensiven Bezug zu Ostfriesland und Unterföhring, denn er stammt aus Köln. Josef Vollwocke-Pütz. Gute Freunde dürfen ihn Jupp nennen. Und mein lieber, guter Freund Jupp ist auf die Idee gekommen, dass man für diese Sendung einen legendären Sketch von Otto nachspielen könnte, nämlich die Geschichte, wo sich die Organe im Körper miteinander unterhalten, also das Kleinhirn und die Leber und die Faust. Das kennen Sie, oder? »Kleinhirn an Faust: Ballen!«
Nachgespielt sollte das werden von verschiedenen bayerischen Kabarettisten und Humoristen. Ich war auch dabei. Ich komme zur ersten Besprechung in den Probensaal in München-Ostfriesland.

Krebs: Servus miteinand! Schön, dass ich euch wieder einmal seh! Servus Helmut! Monika! Django! Und der Pelzig-Erwin ist auch da, grüß euch!

Schleich: Also ich sags euch gleich. Ich spiel diesen Schmarrn nicht. Nein, des könnt's net verlangen, sucht euch jemand anders. Ich g'schpürs net. Ich gschpürs einfach net. Gell?

Gruber: Jetzt geh weiter, Helmut, alte Bissgurn, jetzt manndl di do net so auf und mach keinen auf Burgschauspieler, du Mausdreck, du aufgstellter!

Asül: I schbü die Faust, dass des von vornherein klar ist. Weil die Faust, die passt perfekt zu mir, und wer den Rest schpüüt, is mir wurscht!

Pelzig: Aufgemerkt! Des Fäustli, des ist aber scho für den Hattmuud reserviert.

Hartmut: Klare Sache, die Faust, des bin iii! Und wenn der Ganzkopfrasierte maant, er braucht a weng an Streit, dann soll er si bei mir melden, aber immer schö hinten anstelln!

Pelzig: Also Hattmut, jetzt sei fei amoll a wenig vorsichdich, du bist da beim Kabareee!

Dr. Göbel: Genau!

Asül: Jetzt pass gut auf, du fränkischer Bratwurstzipfel, du auszuzelter: Die Faust bin ich!

Schleich: Naa, also ... ihr seids mir ja viel zu primitiv. Also wenn des scho so losgeht ... Naa, do geh i hoam, i muss heut Abend zwoa Stunden den Strauß schpieln, do konn i mei Kreativität net für so an Schmarrn da verplempern.

Gruber: Kreativität! Ja eam schaug o! Ja dieser Haderlump, dieser ausgschamte! Politische Aussage gleich null, fünf Typen aus seinem Bekanntenkreis in drei Stunden, und dann mit dem Strauß die billigsten Lacher abholen und sich danach davon distanzieren! Eine greisliche Schmierendarbietung is des!

Asül: I bin die Faust, alles andre is mir wurscht!

Hartmut: Leider Pech, Meister! Die Faust ist schon vergeben! Fahr haam nach Istanbul mitsamt deiner Faust, deiner niederbayerischen!

Pelzig: Also Hattmuud!

Dr. Göbel: Genau!

Schleich: Also ... mei ... wenn ihr mich gar so bittet ... das Hirn däd i spieln. Weil ... des gschpür i. Aber auf keinen Fall das Kleinhirn. Gell. Des sog i euch gleich. Das Kleinhirn spiel **ich** nicht!

Gruber: Mei, dann spielst halt des Großhirn, des is mir doch so wurscht wie wenn die Fürstin Gloria den Friseur wechselt! Habts ihr euch eigentlich schon überlegt, was **ich** spielen soll? Als einzige

Frau? Die Eierstöcke werden in dem Sketch ja net so viel zu sagn haben, oder?

Asül: Du spielst as Mei! Do bist perfekt!

Hartmut: Ja genau!

Dr. Göbel: Genau!

Gruber: Des könnt euch so passen, ihr Präsidial-Machos, ihr elendiglichen! Nur weil i goscherter bin als ihr untererotisierten Hosenscheißer, meints ihr, i mach des Sprechorgan! Da habt ihr euch sauber geschnittn – i spiel die Leber!

Asül: Helmut – die Leber waar doch was für dich. Die gestaltest du doch bestimmt äußerst lebensnah! Oder saufst du scho auf der Milz weiter?

Schleich: Mei ... die Leber ... die hobbi ja damals scho in der Schul gschpielt. Die Titelrolle in »Leberchens Mondfahrt«. Sehr gute Kritiken. Aber ob man so einen Erfolg wiederholen kann? Naa, i glaabs net. I bleib beim Hirn.

Pelzig: Aufgemerkt! Also das Hirn – das hobbi ja eichendlich a weng für mich reserviert.

Asül: A Franke und a Hirn! Des ist ein Sketch und nicht absurdes Theater!

Hartmut: Jetzt hau ihm aane in sei niederbayerisches Verbrechergsicht ...

Pelzig: Aber Hattmuut!

Dr. Göbel: Genau!

Schleich: Also des sinn ja wahnsinnig schlechte Veibräischns do herin. Wisst's was, ihr einigt euch, i trink in der Kantine a Weißbier, und dann sag ich euch, ob ich weiter mitmach oder nicht.

Asül: Also i spiel des Hirn, damit des klar ist, da gibt's überhaupt keine Diskussion!

Gruber: Du hast da schon einmal gar nix anzuschaffen, du orientalischer Kamelbändiger, du frauenfeindlicher! I hab mers überlegt: Iii spui des Hirn **und** die Faust! **und** die Milz!

Asül: Ja habts mi doch alle gern. I fahr jetzt zum BMW, Firmenfeier, da les ich denen die Leviten, für 20 000 Euro, versteht's, da brauch i doch keine intellektuellen Ameisen wie euch! Servus!

Hartmut: Servus! Aber nimm dei Hirn mit, Kleinichkeiten vergisst ma ja so leicht!

Pelzig: Also Hattmuut, ich muss scho saachen, also des geht jetzt wirkli a weng zu weit!

Dr. Göbel: Genau!

Gruber: Lätschenbeni! Rindviecher! Alle miteinander! Mei – der Jupp!

Jupp: Ja nee, is klar, ne? Isch grüße eusch, meine lieben Freunde von der bayerischen Karnevalsfraktion! Isch hab mir dat jenau überleejt! Der Wolfjang Krebs – der kann doch so viele Stimmen imitieren! Und der Jung da, der Otto – der war damals ja auch janz alleijne! Komm, wir lassen dat den Wolfjang machen! Dank eusch fürs Kommen! Komm, meen Jung, wir trinken n lecker Kölsch! Und eusch ruf isch zu: Servus und Jüs Jott!

Krebs: Leider ist die Produktion »50 Jahre Otto« dann aus Kostengründen nicht zustande gekommen. Aber für 2065 – da steht sie schon fest im Finanzplan. Freuen Sie sich als heute schon auf »100 Jahre Otto« – und der einzige, der **dann** noch auf der Bühne steht – das ist Otto!

Ein Parodist, der Parodisten parodiert? Noch dazu Kollegen, die er mag und schätzt? Und denen er permanent begegnet, und von denen er nicht weiß, wie sie es aufnehmen, parodiert zu werden? Das ist wohl der Hauptgrund, warum ich diese als Zugabe gedachte Szene noch nie öffentlich dargeboten habe. Wie auch das folgende Werk, das im Giftschrank gleich darunter liegt. Da aber besteht der Hinderungsgrund wohl eher in meiner Faulheit. Sehr viel Text! Außerdem kennt ja heute keiner mehr die Sendung »Herzblatt«. – Ach, Sie schon? Das ist jetzt blöd, dann muss ich noch einmal neu darüber nachdenken und es vielleicht doch eines Tages spielen. Und wenn es nur für Sie ist!

»Herzblatt«

Krebs: Einen schönen guten Tag, meine Damen und Herren! Jetzt muss ich völlig unmaskiert zu Ihnen auf die Bühne kommen, weil die anderen gerade nicht wollen oder können. Ich bin nur der Lückenbüßer, Sie müssen sich mich nicht merken, denn ich bin der Langweiligste von allen. Aber weil wir jetzt ein bisschen Zeit **überbrücken müssen, erzähl ich Ihnen von einem Traum.** Ich wollt schon immer ins Fernsehen. Und als ich noch ganz jung war, da war meine Lieblingssendung »Herzblatt«. Kennen Sie die noch? Rudi Carrell hat sie moderiert, Rainhard Fendrich, ach, ich glaub, die hat jeder schon einmal moderiert, der Kulenkampff, der Frankenfeld, der Adenauer, der Napoleon ... Drei Männer hinter einer Wand, eine Frau davor. Die Frau hat Fragen gestellt, und die Männer haben sie ganz spontan mit auswendig gelernten Sätzen beantwortet. Super! Das wäre meine Sendung gewesen! Und manchmal, nachts im Traum, da vermischt sich »Herzblatt« mit meinen drei Ministerpräsidenten. Und mit mir als Moderator ... Jetzt schauen wir mal, ob die Herren wirklich da sind. Eine kleine Mikrofonprobe ... Der Herr Nummer 1? ... Hallo? ... Bitte ein kleiner Mikro-Test, sagen Sie mal irgendwas, Herr Nummer 1 ... Herr Stoiber!!!

Stoiber: Ja, bitte? Ich hör da immer einen reden, quasi, aber ich sehe mehr oder weniger gar keinen ...

Krebs: Herr Stoiber, bitte sagen Sie irgendwas ...

Stoiber: *(unverzüglich)* Meine sehr geehrten Damen und Herren, liebe Frau Bundeskanzler ... **rin**! -rin!

Frau Bundeskanzler**in**! Heute ist ein Tag der Dankbarkeit, der Freude und der Gemeinsamkeit. Lassen Sie mich aus diesem Anlass als Ministerpräsident des ehemaligen Bayern in aller Bescheidenheit …

Krebs: Vielen Dank, Herr … Herr Nummer 1. Jetzt bitte der Herr in der Mitte!

Stoiber: … ein paar Worte der Erinnerung zu Ihnen sprechen, gewissermaßen, wenn ich verstehe, was Sie meinen, nicht wahr. Schon mein großer Lehrmeister und späterer Freund …

Krebs: Vielen Dank, Herr … Nummer 1, aber wir wollten eigentlich den Herrn neben Ihnen hören!

Stoiber: Welcher Herr neben mir?

Krebs: Na, da müssen doch noch zwei sein!

Stoiber: Ich seh nur mich. Also ich sehe **mich** natürlich nicht, aber ich bin … da, gewissermaßen. Und da drüben, da ist noch einer.

Krebs: Sind Sie nicht zu dritt?

Stoiber: Nein, ich bin allein.

Krebs: Und der andere?

Stoiber: Der ist auch nicht zu dritt. Höchstens zu zweit!

Beckstein: Doch, doch, Edmund, ich bin auch noch da. Hier, der zwischen dir und dem Horst.

Krebs: Ah, Herr Beckstein, schön, von Ihnen zu hören!

Beckstein: Ich betanke mich sehr herzlich für die Einladung, sehr viel davon bekomm ich ja nicht mehr, ich hab das gar nicht gekannt, dieses »Herzblut«, aber die Marga hat g'sacht, da kannst schon hingehen, Günther, aber lass dich nicht von fremden Frauen ansprechen!

Krebs: Das wird aber kaum zu vermeiden sein.

Beckstein: Meinen S'? Na gut, Hauptsache, dass mich überhaupt **irgendwer** anspricht, da kann's dann auch eine Frau sein.

Krebs: Seien Sie sicher, es wird passieren, Herr … Herr …äh …Beckstein. Und der dritte Herr bitte noch?

Seehofer: Ja, grüß Gott zusammen!

Krebs: Grüß Gott, Herr Ministerpräsident! Sagen Sie doch bitte einen Satz!

Seehofer: Sie meinen, irgendeinen Schmarrn?

Krebs: So wie immer!

Seehofer: Dann sag ich … »Erst die Arbeit, dann das Vergnügen!«

Krebs: Wenn Sie sich daran mal gehalten hätten … So, es kann losgehen! Die drei Herzblatt-Kandidaten hätten wir, die Wand, jetzt brauchen wir noch eine Dame – und die müssen Sie sich bitte **auch** vorstellen! Nein, gar nicht wahr – es sind ja welche da! Wer von Ihnen möchte denn bei »Herzblatt« mitspielen und die Fragen stellen? Sie, gnädige Frau – brauchen Sie gerade einen Mann? Ach, Sie haben einen dabei? Welcher ist es denn? Der? Und Sie sind sicher, Sie brauchen keinen anderen?

kleiner Auswahl-Quatsch, schließlich …

Krebs: So, wir haben unsere Kandidatin gefunden! Verraten Sie uns Ihren Vornamen?

Sie haben keine Ahnung, wer sich hinter dieser Wand befindet, die Sie gerade nicht sehen? Sie kennen nicht die Namen und nicht die Gesichter! Sie unterhalten sich mit den Herren, und am Schluss nennen Sie uns Ihren Favoriten, und mit dem fliegen

Sie dann im Hubschrauber ins Glück! Sie stellen Fragen, ganz spontan und improvisiert, und diese spontanen Fragen stehen auf **dieser** Karte. Alles verstanden? Dann geht´s los!

Original-»Herzblatt«-Musik

Krebs: Und bitte die erste Frage!

Kandidatin: Kandidat A: Sing mir bitte dein Lieblingslied!

Krebs: Aha, das Lieblingslied. Dann also bitte Kandidat A!

Pause

Krebs: Kandidat A, bitte!

Beckstein: Edmund, du musst jetzt was sagen!

Stoiber: Wer?

Seehofer: Na du, Edmund! Soll ich dir schnell was aufschreiben lassen?

Stoiber: Aber Entschuldigung, Sie hat gesagt »Kandidat«! Ich bin doch kein Kandidat, ich bin immerhin der Ministerpräsident des ehemaligen Bayern!

Seehofer: Aber hier bist du Kandidat! Herrschaftszeiten, des wird immer schlimmer mit dem!

Beckstein: Musst scho was sagen, Edmund, das sind die Regeln.

Stoiber: Na gut … Meine sehr geehrten Damen und Herren, liebe Frau Bundeskanzler … **rin**! Rin! Frau Bundeskanzler**rin**! Heute ist ein Tag der Dankbarkeit, der Freude und der Gemeinsamkeit. Lassen Sie mich aus diesem Anlass …

Krebs: Nein, Entschuldigung, Herr … Kandidat. Sie haben doch gehört, was die Dame gesagt hat!?

Stoiber: Welche Dame? Ich seh keine!

Seehofer: Das wird immer schlimmer mit dem!

Beckstein: Edmund, du bist doch hier bei »Herzblut«, da musst scho mitspielen …

Krebs: Soll die Dame die Frage wiederholen? Besser wär's, glaub ich … Bitte!

Kandidatin: Kandidat A: Sing mir bitte dein Lieblingslied!

Beckstein: So, Edmund – jetzt sing!

Stoiber: Singen? Ich? Das ist ja … also Entschuldigung … ich weiß jetzt gar nicht …

Beckstein: Wie heißt'n des, was du immer deim Enggel vorgsungen hast?

Stoiber: Engel? Welchem Engel?

Beckstein: Net Engel. Enggel! Enggggel!

Stoiber: Ach so … Das war das Lied der Strümpfe.

Seehofer: Schlümpfe! Das wird immer schlimmer mit dem!

Beckstein: Na, dann sings halt, vorher geben die ka Ruh!

Stoiber: Na gut … Also, passen Sie auf, mein geschätztes Fräulein … Mit dem Singen ist das so eine Sache, aber **sprechen** kann ich den Text. Sprechen ist ja bekanntermaßen eine … Dings … große Stärke von mir. Denn Sie wissen ja: Wer den Hals nicht vollkriegen kann, der einem bis ans Wasser reicht, der braucht sich nicht zu wundern, wenn nicht alles Gold ist, … was dann nicht weit vor dem Fall … äh … daherkommt, … äh … Schmarrn: der Apfel fällt nicht weit vom Pferd, auf dem wir alle sitzen. … Äh … man ist also oft nur einen Katzenwurf entfernt, vom Abgrund, in den dann die Flinte geworfen wird.

Krebs: Sehr … interessant … Aber jetzt das Lied bitte!

Stoiber: Welches Lied!

Seehofer: Herrschaftszeiten, du sollst doch ein Lied singen! Das Lied der Strümpfe! Schmarrn: Lied der Sümpfe. **Nein**! Lied der Schlümpfe! Das wird immer schlimmer mit dem!

Stoiber: Ah so, jetzt hab ich das ... hähä ... verstanden! Also gut, bitte! Wie war denn das gleich ... Ich weiß schon wieder: »Sagen Sie mal, von wo kommen Sie denn her?« Nein, falsch, das war nicht so ... förmlich ... »Sagt mal, von wo kommt ihr denn bitte sehr ... her?« ... »Aus ... quasi von da hinten, also um die Ecke, gewissermaßen geradewegs aus Wolfratshausen, bitte sehr!« Und weiter im Text ... »Und wie ist das mit dem ... Erscheinungsbild?« Nein ... »Sehen da jetzt praktisch alle so aus wie gewissermaßen ihr? ... Ja, da geben wir Ihnen recht, wir sehen alle so aus ... wie ... wir. Quasi ... »Wenn Sie mir eine weitere Frage gestatten: Soll ich Ihnen – also praktisch euch – ein Leids antun? Ein Lieds United? Ein Lieds beibringen? ... Ja, wir würden gerne mit Ihnen singen wollen!«

(kommt allmählich in Fahrt)

Ich wüsste da ein Lied mit einem schönen Chor ... spiel es uns bitte im Grunde genommen einmal vor!« Und jetzt heißt es: »Der Flötenstrumpf fängt an!«

Seehofer: Schlumpf! Flöten**schlumpf**!

Stoiber: *(spricht rhythmisch die Melodie)* Lala-lala ...

Krebs: Danke, danke! Sehr eindrucksvoll!

Stoiber: Das ist ... äh ... sehr amüsant, denn das wird von kleinen blauen Strümpfen gesungen, also gewissermaßen gar nicht von ... Sängern!

Krebs: Danke, Kandidat A. Wir kommen zu Kandidat B.

Stoiber: Bin ich das auch?

Beckstein: Nein, nein, Edmund, das bin dann jetzt in diesem Fall eher ich! Soll ich jetzt auch mein Lieblingslied singen?

Krebs: Das ist die Aufgabe, ja!

Beckstein: Naja, die Marga sacht immer, ich kann so gut singen wie ein Schwein klettert. Hahaha, das ist schon eine Nummer, die Marga! Aber sie hat recht: Singen ist wirklich nicht meine Stärke. Aber ich hab ein Lieblingslied, da wird gesprochen, und das würd ich jetzt gerne vordraachn. Wie heißt es bei Michael Holm in »Tränen lüchen nicht«, Vers 2, Zeile 12?

Sag doch selbst:

Was wirst du anfangen mit deiner Freiheit, die dir jetzt so kostbar erscheint?

Wie früher mit Freundinnen durch Bars und Kneipen ziehen, hm?

Und dann, wenn du das satt hast, glaubst du, das Glück liegt auf der Straße und du brauchst es nur aufzuheben, wenn dir danach zumute ist, hm?

Nein, nein, mein Freund.

Die große Stadt lockt mit ihrem Glanz. Mit schönen Männern, mit Musik und Tanz.

Doch der Schein hält nie, was er dir verspricht.

Kehr endlich um. Dränen lüüchen nicht.

Krebs: Und der dritte Kandidat, bitte!

Seehofer: Endlich! Meine Damen und Herren, ich bin kein Freund großer Worte und Erläuterungen. Singen ist meine Sache nicht. In der Öffentlichkeit schon gar nicht. Aber ich werde meine angeborene Schüchternheit überwinden und mich den Spielregeln beugen. Und deshalb wird jetzt gesungen, das versprrrrreche ich Ihnen! Mein Lieblingslied geht so: Ladies and gentlemen This is *Mambo No.5*

A little bit of Monica in my life
A little bit of Erica by my side
A little bit of Rita is all I need
A little bit of Tina is what I see
A little bit of Sandra in the sun
A little bit of Mary all night long
A little bit of Jessica here I am
A little bit of you makes me your man

Krebs: Na, meine liebe Kandidatin? Bei so einem Angebot von Prachtkerlen fällt die Auswahl schwer, oder? Um wirklich ganz, ganz sicher zu gehen, sollten wir eine zweite Frage riskieren. Bitte sehr!

Kandidatin: Wohin geht unsere Hochzeitsreise?

Krebs: Wir beginnen wieder mit Kandidat A!

Pause

Krebs: Kandidat A? Alles klar bei Ihnen?

Beckstein: Edmund! Du bist wieder dran!

Seehofer: Das wird immer schlimmer mit dem!

Stoiber: Ja? Hallo? Stoiber am Apparat? Also beziehungsweise nicht, sondern hier! Ohne Telefon! Außerdem bin ich ja Kandidat. Mit der Nummer A.

Krebs: Haben Sie die Frage verstanden?

Stoiber: Natürlich, selbstverständlich!

Krebs: Und wie lautet sie?

Stoiber: Haben Sie die Frage verstanden?

Krebs: Nein, die davor!

Stoiber: Die natürlich auch! Ich verstehe alle Fragen! So wie ich schon immer ein Ohr ... auf dem rechten

Fleck … also quasi ein Kerbholz habe, wenn es um die Sorgen meiner lieben bayerischen Landsleute geht, ging und gang. Nein, ich meine ying und yang. Gang und gäbe.

Krebs: Es geht um Ihre Hochzeitsreise.

Stoiber: Das tut mir sehr leid. Die war schon.

Seehofer: Das wird immer schlimmer mit dem.

Krebs: Die junge Dame hier an meiner Seite fragt, wo denn die Hochzeitsreise hingehen würde, wenn es denn noch einmal einc gäbe!

Stoiber: Ach **gäbe**! Na, da muss ich gar nicht lange nachdenken …

Krebs: Wir sind gespannt.

Stoiber: *(denkt nach, dann)* Wenn Sie vom Hauptbahnhof in München … mit zehn Minuten, ohne dass Sie am Flughafen noch einchecken müssen, dann starten Sie im Grunde genommen am Flughafen … am … am Hauptbahnhof in München starten Sie Ihren Flug. Zehn Minuten.

Krebs: Vielen Dank, wir wissen, wie es weitergeht …

Stoiber: Schauen Sie sich mal die großen Flughäfen an, wenn Sie in Heathrow in London oder sonst wo, meine sehr … äh, Charles de Gaulle in Frankreich oder in … in … in Rom. Wenn Sie sich mal die Entfernungen anschauen, wenn Sie Frankfurt sich ansehen, dann werden Sie feststellen, dass zehn Minuten Sie jederzeit locker in Frankfurt brauchen, um ihr Gate zu finden.

Seehofer: Das wird immer schlimmer mit dem.

Stoiber: Wenn Sie vom Flug … vom … vom Hauptbahnhof starten … Sie steigen in den Hauptbahnhof ein, Sie fahren mit dem Transrapid in zehn Minuten an den Flughafen in ... an den Flughafen Franz Josef Strauß. Dann starten Sie praktisch hier am Hauptbahnhof in München. Das bedeutet natürlich, dass der Hauptbahnhof im Grunde genommen näher an Bayern ... an die bayerischen Städte heranwächst, weil das ja klar ist, weil auf dem Hauptbahnhof viele Linien aus Bayern zusammenlaufen.

Krebs: Ich sehe gerade: Uns ist die Zeit davongelaufen! Die Antworten der anderen beiden Kandidaten hören wir dann beim nächsten Mal. Zur Entscheidungshilfe hier die Zusammenfassung!

Herzblatt-Susi: *(zu »Herzblatt«-Musik)* So, liebe Kandidatin, wer soll denn nun dein Herzblatt sein? Kandidat A, der für dich so oft du willst das Lied der Strümpfe singt? Oder Kandidat B, der keine harten Konsonanten, aber nach zwei Maß Bier noch fahren kann? Oder Kandidat C, der dich zur bayerischen First Lady macht? Jetzt musst du dich entscheiden!

Krebs: Und Ihre Entscheidung lautet?

Kandidatin: *(entscheidet sich)*

Stoiber: Heute ist ein Tag der Dankbarkeit, der Freude und der Gemeinsamkeit!

Krebs: Ich glaube, es ist in unser aller Interesse, wenn wir die Wand geschlossen halten. Keiner kommt heraus, jeder bleibt dahinter! Sie, meine Kandidatin, haben Glück, dass Sie keinen nehmen müssen! Ich bedanke mich fürs Zusehen und Mitspielen, das war »Herzblatt« mit drei bayerischen Ministerpräsidenten, und beim nächsten Mal sehen Sie wieder Edmund Stoiber in der Neuauflage eines Fernsehklassikers – dann als einziges Kind in der Sendung »Dingsda«. Auf Wiedersehen! *(»Herzblatt«-Musik)*

Wir nähern uns den Zugaben zum Zugaben-Teil. Und ich schlage vor, dass wir dieses Buch musikalisch beenden. Unser guter Freund Meggy Montana würde sich Ihnen gern empfehlen mit seinem neuen Hit, der bislang allerdings nur als Text vorliegt. Die Melodie müssen Sie sich denken, ebenso den Allgäuer Dialekt. Aber jetzt, am Ende Ihres Bummels durch meinen Kopf, dürfte Ihnen das nicht mehr schwerfallen …

Meggy Montana: Bier-Alarm!

Alarm! Alarm!
Das Bier wird warm!
Alarm! Alarm!
Der Wirt wird arm!
Das ist nicht gut
für Glas und Hals,
darum bestellt euch schnell
ein Kalt's!

In Chile, in Nairobi
und in der Wüste Gobi,
in Thailand, auf Tobago,
im Sommer in Chicago -
Ihr wisst es ja, da hat
es immer 30 Grad.
Von mir aus. Doch ich fühl,
mein Bier, das braucht es kühl.
Refrain

Am Nordpol, in Alaska,
am Südpol, in Nebraska.
In Grönland und in Finnland
Mir reicht schon Kiel im Inland …
Ihr wisst es ja, da hat
es höchstens 13 Grad.
Dort nie passieren wird,
was mir hier grad passiert!
Refrain

Noch ein unaufgeführter Text, der im Ernstfall mich und Stoiber gleichzeitig auf die Bühne bringen würde. Wer trüge da eine Maske, und wer nicht? Oder kann das Publikum zwischen mir und dem unmaskierten Stoiber unterscheiden?

Ich weiß noch, wie mir die Idee zu diesem Dialog gekommen ist. Als ich wieder einmal etliche Stoiber-Parodisten im Fernsehen gesehen habe. Beim Umschalten, in verschiedenen Programmen, und immer wieder der Stoiber. Alle sehr gut! Und ich habe mir gedacht, wie es wäre, wenn eines Tages die Parodisten besser sind als das Original?

Mach den Stoiber!

Wann ist der Seehofer am lustigsten? Nein, nicht in der »Tagesschau«! Das ist ja der Echte! **Ich** bin der Lustige! In der Sendung *»quer«* im Bayerischen Fernsehen. Sie beginnt um 20 Uhr 15 – aber die ersten 40 Minuten hab ich noch nie gesehen, und dann, um kurz vor neun, unterhält sich der Moderator mit dem Seehofer. Also mit mir. Aber ich bin nur vom Hals abwärts zu sehen. Das gleicht sich heute wieder aus, denn heute sehen mich viele nur vom Hals aufwärts! Da sieht man mal wieder, wie wunderbar Bühne und Fernsehen sich ergänzen!

Früher hab ich da jahrelang den Stoiber gemacht. Aber ehrlich gesagt: Da war ich auf Dauer unterfordert. Denn, ich gesteh es Ihnen frei heraus: Den Stoiber nachmachen, das kann jeder! Jeder **Depp**! Das können sogar Sie! Ehrlich! Das ist schießeinfach! *(auf*

stoiberisch:) »Heute ist ein Tag der Dankbarkeit, der Freude und der Gemeinsamkeit. Wenn Sie meinen, was ich verstehe …« *(auf Wolfgang Krebs)* Ich weiß nicht, was da die Kunst sein soll! Kopf schief, Schulter hoch, Blick wichtig, Stimme gepresst – und schon isser da, der Stoiber. *(zu jemandem im Publikum:)* Machen Sie's einmal nach, bitte. Ja, Sie! *(soufflierend:)* »Heute ist ein Tag der Dankbarkeit …«

Im Weiteren wird der Kandidat aus dem Publikum so lange gecoacht, bis er es kann. Und schließlich alle! Das Publikum sagt im Chor »Heute ist ein Tag …«

Na bitte! Ich hab doch gesagt, das kann jeder Depp! Sie machen das schon sehr ordentlich! Sie und viele, viele, viele andere! Nur **einer** – ist Ihnen das auch schon aufgefallen? – **einer** hat in letzter Zeit etwas nachgelassen. Dabei war er früher echt gut, Stoiberischer als er war kein Zweiter, wir konnten alle von ihm lernen. Aber irgendwie – vielleicht hat es was mit dem Doktortitel seiner Tochter zu tun – auf alle Fälle ist er nicht mehr richtig auf der Höhe. Er hat nachgelassen, der Beste aller Stoiber-Imitatoren, nämlich Edmund Stoiber. Finden Sie nicht auch? Was waren wir begeistert von seinem Transrapid-Monolog! Der Problembär! »Schaun-Sie-Sehen-Sie-wir-haben-wir-sind … verstehen Sie?« Und dann diese »Äh«s! Brillant! Absolut ungekünstelt und natürlich! Aber bei aller Liebe und bei allem Respekt: In letzter Zeit hat er seinen Stoiber nicht mehr richtig draufgehabt, der Stoiber. Schade eigentlich. Aber vielleicht lässt sich da was machen … Wir haben ihn ja hier, den Ministerpräsidenten des ehemaligen Bayern. Herr Stoiber? Ach kommen Sie doch bitte einen Augenblick zu uns! Ganz ungezwungen, ohne Haarteil und Uniform!

Stoiber: Schaun-Sie-Sehen-Sie-wir-haben-wir-sind-verstehen Sie?

Krebs: Wir registrieren mit Wohlwollen: Sie geben sich Mühe! Aber, mit Verlaub, früher konnten Sie das besser!

Stoiber: Äh … wie meinen Sie das jetzt genau, Herr Dings, Herr Gang, Herr Wolf?

Krebs: Jajajaja ... schon nicht schlecht. Aber Ihre Kopfhaltung! Das ist doch eher Claus Kleber als Edmund Stoiber!

(Stoiber korrigiert nervös Kopfhaltung und Gesichtsausdruck)

Krebs: Und jetzt sagen Sie bitte: »Heute ist ein Tag der Dankbarkeit, der Freude und der Gemeinsamkeit. Wenn Sie meinen, was ich verstehe ...«

Stoiber: *(räuspert sich, ist unsicher, will eine gute Arbeit abliefern, sagt flüssig)* Heute ist ein Tag der Dankbarkeit, der Freude und der Gemeinsamkeit. Wenn Sie verstehen, was ich meine ...

Krebs: *(mit dem Finger drohend)* Herr Stoiber!

Stoiber: *(hastig)* Wenn Sie meinen, was ich verstehe! Natürlich. Weil das ja klar ist!

Krebs: Und wo ist das Kopfnicken? Wo das Räuspern? Wo sind die »**Ähs**«? Hören Sie, so können Sie doch niemals als Stoiber-Imitator auftreten, das glaubt Ihnen doch kein Mensch!

Stoiber: Meinen Sie? Das ist ja schrecklich.

Krebs: Da müssen wir dringend etwas tun, vielleicht können wir ja noch Teile retten!

Stoiber: Ja, das wäre sehr ... dings ... von Ihnen, Herr Dings, denn solange der Spatz in der Hand noch aus dem letzten Loch pfeift, ist Polen ja noch kein böhmisches Dorf für meine Pappenheimer!

Krebs: Na, **alles** scheint ja noch nicht verloren zu sein ...

Stoiber: Meinen Sie, Herr Dings?

Krebs: Ich bin da ganz zuversichtlich ...

Stoiber: Da bin ich aber ein Pilz. Ein beglückter. Ein beglückter Pilz.

Krebs: Sie müssen halt fleißig üben, gell?

Stoiber: Ja, ja, schon, schon ... Aber wie? Ich meine, wie soll ich denn, was kann ich denn, wann muss ich denn, wenn Sie meinen, was ich verstehe? *(Abrupt und euphorisch:)* Ha! Haben Sie's gehört, Herr Wolf? Ich hab gar nichts gemacht, und da war es plötzlich da. *(Genießerisch):* »Wenn Sie meinen, was ich verstehe ...« Herrlich!

Krebs: *(klopft ihm auf die Schulter)* Das wird schon wieder. Wenn Sie täglich Ihre Übung machen!

Stoiber: Äh ... wie meinen Sie das jetzt, Herr Fuchs? Welche ... äh ... Übung?

Krebs: Die Glocke.

Stoiber: Was? Ich hab gar nichts gehört! Wer kommt denn?

Krebs: Die Glocke von Schiller! Kennen Sie die?

Stoiber: Die Schillerlocke? Schillerglocke? Vom Glockenschiller? Ja natürlich schiller ich die, kenn i die, die Kennedy-Glocke vom Glockenschiller!

Krebs: Diese Glocke, die sagen Sie jeden Tag einmal auf. Schaffen Sie das?

Stoiber: Hähä, ja natürlich, schließlich zählt das Gewicht, das Gesicht, das Gedicht zum deutschen Literaturhaus! Die Glocke ist mir in Fleisch und Wurst übergegangen! Im Schlaf kann ich die aufsagen!

Krebs: Dann bitte!

Stoiber: *(staatsmännisch, flüssig)*

Fest gemauert in der Erden
Steht die Form, aus Lehm gebrannt.
Heute muß die Glocke werden.
Frisch Gesellen, seid zur Hand.

Von der Stirne heiß,
Rinnen muß der Schweiß.
Soll das Werk den Meister loben,
Doch der Segen kommt von oben.
(zu Wolfgang Krebs:) Gut?

Krebs: Schlecht. Ganz schlecht! Klaus Kinski auf Valium. Sie ... sind ... der ... **Stoiber**, Menschenskind! Reißen Sie sich am Riemen! Nicht so hinschludern, so korrekt und fehlerfrei! Sie haben einen Ruf zu verlieren, Sie Unglückswurm! Also los – aber jetzt mit dem Stoiber-Turbo!

Stoiber: Ach so ... hehe ... Sie meinen, ich soll das so wie früher ... Also gut, dann jetzt ... mit mehr Cembalo ... Trembalo ... Tremolo ... Moment, kurze Konzentration ... *(gibt sich einen Ruck)*
Die Glocke. Vom Glöckner. Von Notre Dame. Nein, von Friedrich Wolfgang von Fallersleben.
Fest geerdet in der Mauern
steht der Lehm, zum Ford gebrannt.
Nein, zum Opel, zum Mercedes, nein, zu gar keinem Auto gebrannt, sondern zum Dings ...
Steht die Form, zu Lärm verbannt. Zu Lehm erwacht. Steht die Form und steht sie noch davor. Vor der Kaserne, vor dem großen Tor.
Heute, meine Damen und Herren, heute **muss**! Und ich sage das mit aller Entschiedenheit, denn ich war schon immer jemand, der den unangenehmen Dingen ins Auge sticht, heute **muss** die Glocke läuten!
Frisch, ihr Azubis, seid zur Hand!
Von der Stirne warm ... äh ...
Meldet sich der Darm. Wenn Sie so wollen ...
Nein, anders, also beziehungsweise heiß.

Von der Stirne heiß …
Das reimt sich ja schon wieder auf Darm …
Nein, ich weiß es: Von der heißen Stirn …
erhitzt sich auch das Hirn.
Endspurt, Freunde, jetzt nähern wir uns gewissermaßen dem Dings, dem Fiasko …
Zieren soll das Riesenei
in Bälde meine Staatskanzlei!

(zu Wolfgang Krebs, strahlend):

War das schlecht genug?

Krebs: *(applaudierend)* Großartig! Wunderbar! Da ist er wieder, der alte Stoiber-Sound! Wenn ich gefragt werde, ob ich Sie wieder parodieren soll – also meine Stimme haben Sie!

Das war's. Der Rundgang durch meinen Kopf ist beendet, wir sind wieder am Ausgang angekommen. Ich danke Ihnen für Ihre Aufmerksamkeit, achten Sie bitte beim Hinausgehen auf Ihren Kopf, die Messlatte für Qualität ist manchmal sehr niedrig.

»Zu anspruchslos, zu platt, zu anbiedernd« – das möchte ich jetzt bitte aus Ihrem Mund nicht hören. Das lese ich gelegentlich in Kritiken, und meistens gehe ich danach in meinen Garten … Mir hilft da immer ein Satz des großen Kollegen Werner Schneyder, der gesagt hat: »Bei der Frage ›Warum gehen Sie nicht mehr in die Tiefe?‹ ist für einen Schwimmer die Diskussion beendet.«

Der zweite große Vorwurf lautet, ich würde meine Aufgabe als Kabarettist verfehlen. Wer sich gemein macht mit den Mächtigen, der kann sie nicht kritisieren. Aber ich mache mich nicht gemein, ich halte mich

lediglich öfter mal in ihrer Nähe auf. Ich kann ihnen Fragen stellen, kann sie besser verstehen und kann manchmal sogar mit ihnen diskutieren. Mit Horst Seehofer über die Maut zum Beispiel – zwar immer nur 60 Sekunden, aber immerhin ...

Bin ich ein Hofnarr, der sich für freundliche Sticheleien bezahlen lässt und sich eitel in der Nähe der Politiker sonnt? Nein, bin ich nicht. Ich bin lediglich einer, der einem die Wahrheit nicht wie einen nassen Sack um die Ohren haut, sondern wie einen warmen Mantel anzieht. Andere machen es anders. Ich auch.

Zum Schluss eine Premiere. Ihr Lieblingsministerpräsident als Sänger. Denken Sie sich Richard Clayderman am Flügel, André Rieu an der Violine, Stefan Mross an der Trompete und mich am vorprogrammierten Keyboard. Ich drücke »play«, dann ertönt ein Geigengeschwader mit Kuhglocken und Alphorn. Sind Sie eingestimmt? Dann bitte, Herr Ministerpräsident …

Stoiber: »Oh, mein geliebtes Bayern-Dings«

Oh, mein geliebtes Bayern-Dings,
du bist so schön wie … irgendwas.
Deine Menschen sind so … irgendwie …
Und das Besond're ist so dies und das!
Da, wo die Vielfalt herrscht, da gibt es vieles,
und wo Verlässlichkeit ist, ist Verlass.
Oh mein geliebtes Bayern-Dings,
du bist so schön wie irgendwas!

Deine Berger, deine Täler,
deine Tiefen, deine Höh'n!
Wer nicht sitzen will, soll fahren,
wer nicht gehen will, soll steh'n.
Deine Flüsse sind voll Wasser,
ganz genau wie Bier und Wein.
Ja so war's bei uns schon immer,
und so soll es immer sein.
Oh, mein geliebtes Bayern-Dings,
du bist so schön wie … irgendwas.

Deine Menschen sind so … irgendwie …
Und das Besond're ist so dies und das!
Deine Wälder sind gefüllt mit Bäumen,
und deine Wiesen – sie sind voller Gras!
O mein geliebtes Bayern-Dings,
du bist so schön wie irgendwas!

Bildnachweis

Angela Bassani: Seite 77
Dieter Binder: Seite 97
Carsten Bunnemann, huckleberryking.com: Seiten 54, 157, 226
Stefan Fuchs: Seite 217
Willy Graf: Seiten 107, 108, 246
Michael Kiechle-Pausch, rotersessel.de: Seite 23
Wolfgang Krebs: Seiten 15, 119, 184, 247, 248
Harald Langer: Seiten 43, 60, 91, 104, 145, 175, 187
Ralph Lienert: Seiten 5, 19
Wolfgang Mezger: Seite 99
Bastian Ried: Seite 129
Michaela Ried: Seite 240
Norbert Winhart: Seite 31

Weitere Bücher aus dem Rosenheimer Verlagshaus

I bin der Max

Gabriele Weishäupl war von 1985 bis 2012 Tourismusdirektorin der Landeshauptstadt München und als Festleiterin verantwortlich für die Durchführung des Oktoberfestes.
In lustigen und bewegenden Anekdoten berichtet sie in diesem Buch von ihrem Alltag als Wiesn-Chefin. In dieser Position gelang es ihr, Wege zu öffnen, die vorher niemand im Blick hatte und damit Tradition und Moderne miteinander zu verbinden.
In diesem Buch lernen Sie das Münchner Oktoberfest von einer völlig neuen Seite kennen!

I bin der Max
Gabriele Weishäupl
272 Seiten
ISBN 978-3-475-54300-5

Opern auf Bayrisch – 2. Akt

Paul Schallweg belebt die Klassik auf ganz besondere Weise. Auch im zweiten Akt macht der Meister der bayerischen Dichtkunst Oper zu einem höchst amüsanten Erlebnis. Ob Mozart, Puccini, Strauss oder Wagner – nie zuvor wurde deren epochaler Stoff so leicht und originell verarbeitet. Lustig bis zur letzten Zeile, wird die Opernwelt mit »Die Zauberflöte«, »Der Troubadour«, »La Bohème« und vielen mehr in den bayerischen Wohnzimmern lebendig.

Opern auf Bayrisch – 2. Akt
Paul Schallweg
256 Seiten
ISBN 978-3-475-54431-6

Bayerische Witze

Freunde des Humors sollten diese Sammlung bayerischer Witze unbedingt in ihrem Bücherregal haben. Die Autorin Monika Ringseis erzählt charmant bis deftig Komisches aus dem täglichen Leben, das den Leser zum herzhaften Lachen einlädt. Sie ergänzt dabei den Fundus ihres Vaters Franz Ringseis durch neue Witze und spricht direkt die bayerische Seele an: Familie, Kirche, Bürokratie und so manche Sprachhürden sind dabei nur einige Themen.

Bayerische Witze
Monika Ringseis
448 Seiten
ISBN 978-3-475-54331-9

Mia san Bayern

Mia san Bayern! Nicht die Bayerische Staatsregierung und auch nicht der FC Bayern. Das bringt Herbert Schneider in seinem Buch auf den Punkt – einer Sammlung neuer sowie altbekannter Geschichten und Gedichte über den Alltag in Bayern. Humorvoll beschreibt er das bayerische Lebensgefühl. Denn Bayern ist zuerst Heimat von Menschen mit Sorgen, Wünschen, Traditionen und liebenswerten Eigenheiten. Auch der Leser ohne bayerische Wurzeln wird mit jeder Seite ein kleiner Teil dieses schönen Landes.

Mia san Bayern
Herbert Schneider
272 Seiten
ISBN 978-3-475-54167-4